REZEPTE UNTER 30 MINUTEN

FÜR FREUDE IM KOCHALLTAG

REZEPTE UNTER 30 MINUTEN

FÜR FREUDE IM KOCHALLTAG

Just Spices GmbH, 2021

Wem wir dieses Kochbuch widmen wollen, wussten wir sofort: unseren Spicebuddys. Ihr inspiriert uns jeden Tag mit Eurer Leidenschaft für leckeres Essen. Eure Begeisterung treibt uns an, noch mehr Lieblingsgerichte zu entdecken und ihnen den Geschmack zu geben, der sie einzigartig macht.

Wir hoffen, dass Ihr mit den Rezepten und Tipps und Tricks im Buch noch mehr Gerichte kochen könnt, in die Ihr Euch mit Herz und Gaumen verliebt.

Eure Just Spices Family

Inhalt

Hi Spicebuddy, hey treuer Fan der schnellen Küche,

dürfen wir vorstellen? Unser drittes Kochbuch! Deine Rettung in hungriger Zeitnot, Dein treuer Begleiter durch stressige Arbeitstage mit kurzen Mittagspausen. So kochst Du jeden Tag einfach leckere Gerichte.

Auf den nächsten Seiten erwarten Dich zackige Kreationen, die ideal in Deinen Alltag passen. Gerichte, die schneller fertig sind, als Deine Essensbestellung rausgehen könnte, und die mit minimalem Aufwand maximale Abwechslung in Deinen kulinarischen Alltag bringen. Wie Fast Food, nur besser. Wie eine ausgiebige Kochsession, nur schneller. Wie von Mama, nur von Dir! So in etwa.

Bevor wir einen Schnellstart in die Kunst des zügigen Genusses machen, wollen wir Dir ganz kurz erklären, wieso es dieses Buch überhaupt gibt. Dazu müssen wir ein paar Schritte zurück. Also, nimm mit uns ein bisschen Anlauf!

DREI JUNGS, EINE WG, EIN PROBLEM – CURRY!

Wir drei – Florian, Ole & Béla – sind die Gründer von Just Spices und waren vor ein paar Jahren einfach nur drei Freunde in einer kleinen WG in Dortmund. Schon damals haben wir gern gegessen, unsere Kochkünste waren aber eher noch in der Entwicklung. Eines Abends wollten wir ein indisches Dal kochen und zogen hoch motiviert los zum Einkaufen. Unsere Euphorie endete vor dem Gewürzregal: Alles sah irgendwie gleich aus, wir mussten zig verschiedene Gewürztütchen aus dem Regal heraussuchen, haben viel bezahlt und die meisten Gewürze nie wieder benutzt.

Noch heute vergleichen wir diese Situation damit, wie das Sockenkaufen einmal war: Muss sein, aber so richtig Spaß hatten wir nicht. Durch dieses Erlebnis ist uns klar geworden: Der verstaubte Gewürzmarkt muss aufgemischt werden. Es fehlte ihm an Farbe, an Freude, an praktischen Produkten, die man mit einem Lächeln in den Einkaufswagen legt, zuhause mit ebendiesem Lächeln wieder auspackt und voller Freude zum Perfektionieren wunderbarer Gerichte benutzt. Es fehlten Produkte, die inspirieren. Mischungen, die die Aromen einzelner Gewürze ideal in sich vereinen.

REISE IN DIE WELT DER GEWÜRZE

Das war die Geburtsstunde unserer Idee von Just Spices – nun mussten wir sie mit Leben füllen. Unsere Herzen waren voller Tatendrang, unserem Kopf fehlte aber noch die Inspiration. Wir wollten Neues schmecken, fremde Küchen kennenlernen und mehr über ihre Gewürze erfahren. Wir mussten raus in die Welt, und so gingen wir zu dritt auf Weltreise.

Wochenlang reisten wir durch drei Kontinente und lernten inspirierende Menschen kennen, die uns mit ihrer Leidenschaft fürs Kochen bewegt haben. Wir verliebten

uns in die mediterrane Küche von Bella Italia, die saftigen BBQ-Freuden Amerikas, die fruchtige Schärfe der mexikanischen Küche. Die feinsten Kreationen und leckersten Gewürzkombinationen brachten wir mit nach Hause. Am Ende unserer Weltreise waren wir mit dem Kopf voller frischer Ideen bereit für unser größtes Abenteuer: Just Spices.

DIE BUNTEN DOSEN MIT DEN GESICHTERN

Zuhause angekommen, starteten wir mit der Produktion der ersten Mischungen. Von Anfang an war klar: Unsere Produkte sollten natürlich sein, keine Zusätze, nur Kräuter und Gewürze, nur purer Geschmack – JUST SPICES.

Natürlich wollten wir auch durch das Design unserer Mischungen frischen Wind ins Gewürzregal bringen. Also entschieden wir uns für kunterbunte Dosen, die die Energie ihres Inhalts auch auf den ersten Blick nach außen tragen.

Unsere ersten Rezepturen verdanken wir den Menschen, denen wir auf unserer Weltreise begegnet sind. Deshalb konnten wir gar nicht anders, als Illustrationen ihrer Gesichter auf die Dosen-Banderole drucken zu lassen. So schmückt sich beispielsweise unser Italian Allrounder noch heute mit Mamma Lucia, die uns in einem kleinen Dorf bei Napoli nicht nur mit ihrer sonnigen, mediterranen Küche, sondern auch mit ihrer italienischen Lebensart den Kopf verdreht hat.

UNSERE VISION: „MAKE EVERY DISH TASTY“

Die Leidenschaft für unsere Idee wurde von Tag zu Tag größer und so gingen wir von da an mit Just Spices durch dick und dünn. Immer mit unserer Vision im Kopf: Mehr Freude beim Kochen zu vermitteln, jedem Menschen die bunte Welt der Gewürze zu eröffnen und jedes Gericht ein bisschen leckerer zu machen.

Diese Vorstellung von einer Welt, in der wirklich alle – auch absolute Kochanfänger – schnell und einfach ein rundum leckeres Gericht zaubern können, wurde für uns das große Ziel vor Augen.

DIE SPICY FAMILY

Das ist auch heute noch so. Trotzdem hat sich seit unserem Start 2014 unfassbar viel getan. Unser Team hat sich von 3 auf über 100 vergrößert. Mit wie viel Stolz uns das erfüllt, ist in Worten nicht auszudrücken. Unser Team, unsere Family, ist unser Ass im Ärmel. Der Grund, warum wir so viele Kreationen entwickeln können, neue Produkte erfinden, Kochbücher schreiben, jeden Tag und jedes Gericht leckerer machen können.

MAKE EVERY DISH TASTY

SO VERGEHT KEIN TAG OHNE LECKERE GERICHTE.

Schneller kochen, einfach verfeinern. Mit Just Spices findest Du den richtigen Geschmack für jedes Gericht. Ob herzhaft oder süß, ob Fleisch oder Gemüse – Deine Freude an gutem Essen motiviert uns jeden Tag.

Keine Idee funktioniert ohne kreative Köpfe, die für diese Vision brennen. Wir sind jeden Tag fasziniert von der Überzeugung, der Hingabe und Leidenschaft, mit denen unser Team jede Hürde nimmt, um gutes Essen zu einer Sache der Selbstverständlichkeit zu machen.

EINE GEMEINSAME MISSION: „TO EMPOWER PEOPLE ALL OVER THE WORLD TO COOK FOOD THEY LOVE"

Diese unglaubliche Liebe unseres gesamten Teams zeigt uns einmal mehr, dass wir nicht nur als Unternehmen, sondern auch als Individuen eine Mission teilen: Menschen auf der ganzen Welt das Wissen und die Möglichkeiten an die Hand zu geben, Gerichte zu kochen, die sie lieben.

Mit Gewürzmischungen, die ihren Geschmack treffen. Mit Gerichten, die Spaß machen. Mit einer Community, die voller Inspiration steckt.

*enthält von Natur aus Zucker

SCHON IMMER UND NOCH EWIG

2014 gingen wir mit einer Handvoll Mischungen an den Start. Heute sind es über 130. Jeder Mix erzählt seine Geschichte und eröffnet eine eigene Welt der Geschmackserlebnisse. Damals sind wir für die richtige Inspiration in die Welt hinausgezogen. Heute beschäftigen wir bei Just Spices selbst unfassbar talentierte und kreative Köche, die jede Mischung und jedes Rezept bis ins kleinste Detail perfekt machen, und dafür sorgen, dass Dir das Gericht zuhause genauso gut gelingt wie ihnen in der Just-Spices-Küche.

UNSERE WÜRZIGEN INNOVATIONEN

2018 sind wir noch weiter gegangen und haben mit unseren **Just Spices IN MINUTES** für eine Innovation im Fix-Regal gesorgt: Mit über 30 verschiedenen Fix-Mischungen für leckere Gerichte von Bolognese über Kichererbsen-Curry bis zum Avocado-Linsen-Salat – in Bio-Qualität, ohne künstliche Zusätze, mit wenigen Zutaten und Step-by-Step-Anleitung ganz einfach auf den Teller gezaubert.

2021 haben wir das Leben aller Salat-Fans ein bisschen leichter gemacht: Mit unseren acht fixen **Just Spices BIO Salatdressings**, die durch die Zugabe von Wasser, Öl und Essig einfach immer gelingen und ohne Zuckerzusätze auskommen.* So hast Du vom klassischen Kräuter-Dressing bis zum innovativen Bowl-Dressing immer das perfekte Finish für knackfrischen Genuss. In diesem Buch findest Du übrigens auch passende Rezepte zum Ausprobieren.

Auch für absolute Kochbeginner haben wir uns was ausgedacht: In unserer **Just Spices Kochacademy** lernst Du in nur 30 Tagen die Grundregeln des Kochens – digital und kostenlos, in einfachen Videos mit Tipps direkt vom Profi.

Dann wären da noch unsere geliebten **Kochbücher**. Unser erstes Kochbuch **Lecker durch den Tag** ist der perfekte Allrounder mit ausgefallenen Gerichten für wirklich jeden Anlass. Das zweite Buch **Einfach Italien** haben wir unserer Reise nach Bella Italia gewidmet und alles, was wir von

100% NATÜRLICHE ZUTATEN
JUST SPICES MINUTES
BIO
CREMIGE ONE POT
MAC & CHEESE
MEAT BALLS
THAI CURRY
AVOCADO TOPPING
JUST SPICES
PASTA ALLROUNDER
JUST SPICES
JUST SPICES DRESSINGS
OHNE ZUSATZ VON ZUCKER
JUST SPICES DRESSINGS
JUST SPICES DRESSINGS
FITNESS
DRESSING MIX
OHNE ZUSATZ VON ZUCKER

ESSEN
SOLL FREUDE
BEREITEN!

Mamma Lucia gelernt haben, zu Papier gebracht.
Und dieses Buch, das Du gerade in den Händen hältst, soll Dein treuer Begleiter im Kochalltag sein. Es zeigt Dir den großen Genuss der schnellen Küche, damit Du Dich jeden Tag kulinarisch verwöhnen kannst. Du wirst sehen: Schnell zu kochen bedeutet nicht, auf Lieblingsgerichte zu verzichten. Deshalb dreht sich in diesem Buch alles darum, Dir einen praktischen Helfer zur Seite zu stellen, der Dir das tägliche Kochen so unkompliziert, zügig und köstlich wie möglich macht.

UNSERE WERTE

Die Arbeit an diesem Buch hat für uns einmal mehr deutlich gemacht, wofür wir als Unternehmen stehen und was wir mit der Hilfe unseres umwerfenden Teams für einen Unterschied in der Welt der Genüsse machen wollen:

FREUDE: Essen soll Spaß machen. Kochen soll Freude bereiten. Das wollen wir nicht nur in diesem Buch erreichen, sondern jeden einzelnen Tag in unserer Arbeit widerspiegeln.

FAMILIE: Bei Just Spices sind wir eine große Family. Und unsere Würzbuddys auf der ganzen Welt gehören einfach dazu. Wir sorgen füreinander und achten darauf, dass gutes Essen fester Bestandteil unseres Lebens ist.

UNTERNEHMERGEIST: Um unsere Mission zu erfüllen, müssen wir erfinderisch werden. Tolles, schnelles Essen lebt von unkonventionellen Ideen – und genau diese Ideen unterstützen wir in unserem Team, wo wir nur können.

MUT: Nur wer viel Energie investiert, kann einen Unterschied machen. Die Arbeit an unseren Kochbüchern gleicht jedes Mal einem großen Abenteuer und wir lieben es, uns immer wieder aufs Neue darauf einzulassen.

STOLZ: Kaum ein Attribut beschreibt unsere Arbeit besser. Wir sind stolz auf unser Team, stolz auf das, was wir gemeinsam schon geschafft haben, auf jeden Meilenstein und alles, was noch auf uns wartet.

LEIDENSCHAFT: Rein gar nichts läuft bei Just Spices ohne Leidenschaft. Jeder Einzelne arbeitet voller Hingabe, um das Leben unserer Spicebuddys um viele Genussmomente reicher zu machen. Und genau das erlebst Du hoffentlich auch in diesem Buch.

Dein Genuss = unsere Freude

In all unseren Werten, unseren neuen Kreationen und köstlichen Projekten steht eines immer im Vordergrund: DU! Dein Geschmack, Deine Freude an leckerem Essen. Just Spices fängt bei unseren Gewürzmischungen an – passende Gerichte, Live-Kochevents, Bücher, Kits & Co. gehören aber ebenso dazu, um Dir zu zeigen, wie vielfältig und unkompliziert gutes Essen sein kann.

Das Buch, das Du jetzt in den Händen hältst, ist der nächste Schritt in diese Richtung. Denn unsere Ernährung muss sich heute mehr denn je mit unserem dynamischen Alltag vereinen lassen.

GUT DING WILL EILE HABEN!

Wir alle kennen das gut gemeinte Original dieser Redewendung. Aber Du wirst sehen: Dieses Buch ist der perfekte Beweis, dass „Gut Ding" sich auch mit Eile bestens verträgt und großer Genuss nicht nur dann entsteht, wenn man mindestens eine Stunde investiert.

LECKERES ESSEN IN MAXIMAL 30 MINUTEN

Deshalb findest Du in diesem Buch clevere Rezepte, die höchstens 30 Minuten dauern. Keine komplizierten Anleitungen, keine geschummelten Zeitangaben, nur **schneller Genuss mit maximalem Geschmack**. Du wirst sehen: Selbst klassische „2-Stunden-köcheln-lassen"-Gerichte schmecken mit ein paar Tricks und 20 Minuten Zubereitungszeit einfach bombastisch.

Und natürlich – da bleiben wir uns ganz uneigennützig treu – haben wir auch für dieses Kochbuch alle Rezepte selbst verkostet, diskutiert, optimiert. Unser gesamtes Team hat wieder wochenlang Vollgas gegeben, um das Allerbeste aus der Welt der schnellen Leckereien für Dich zusammenzutragen. Dabei haben wir uns von cleveren Vorspeisen über die gute alte Stulle mit Twist bis hin zu schnellen Hauptspeisen und Desserts, die Gaumen und Herz erfreuen, wieder durch die ganze Welt der guten Geschmäcker treiben lassen. Zusammengekommen sind dabei **über 100 neue Rezepte**, die uns vollends überzeugt haben. Die einfach, schnell und maximal lecker sind.

TIPPS UND TRICKS FÜR DAS PERFEKTE KOCHVERGNÜGEN

Aber es gibt noch eine Besonderheit an diesem Buch: Damit Du Dich beim Kochen aufs Wesentliche konzentrieren kannst, statten wir Dich in unseren Zwischenkapiteln mit **praktischen Hacks** aus, die Dir wertvolle Minuten im täglichen Kochgeschehen bringen. Wir verraten Dir, worauf Du beim Einkaufen achten solltest, wie Du Deine Küche am besten organisierst, welche Lebensmittel Du wie lagern solltest und was Du beim Verarbeiten optimieren kannst.

Kurzum: Dieses Buch ist ein wahrer Held des Alltags. Eine Rundum-Sorglos-Lektüre für schnelle Kochabenteuer.

PRAKTISCH: ICONS & QR-CODES

Damit Du Dich in diesem Buch schnellstens zurechtfindest, haben wir uns ein paar Sachen für Dich ausgedacht: In den Zwischenkapiteln findest Du **QR-Codes**, die Du mit Deinem Smartphone einscannen kannst. Damit gelangst Du direkt auf unsere Website, wo wir noch mehr Informationen, Videos oder spannende Blog-Artikel zum jeweiligen Thema für Dich hinterlegt haben.

Außerdem haben wir unsere Rezepte mit kleinen **Icons** versehen, die die wichtigsten Eigenschaften des Gerichts auf den ersten Blick zeigen und Dir so zur Orientierung dienen sollen. Folgende Icons erwarten Dich:

Vegetarisch: Diese Gerichte kommen ohne Fleisch und Fisch aus. Natürlich lassen sie sich mit kleinen Änderungen auch vegan zubereiten.

Vegan: Volle Pflanzenpower! Bei diesen Rezepten wurden keinerlei tierische Produkte verwendet.

One Pot: Keine Lust zu spülen? Kein Problem! Für diese Rezepte brauchst Du nur eine Pfanne oder einen Topf beim Kochen.

Eignet sich für Meal Prep: Diese Gerichte kannst Du perfekt vorbereiten und später in wenigen Minuten servieren.

Nicht mehr als 8 Zutaten: Kein Großeinkauf notwendig! Abgesehen von Wasser, Öl, Salz, Pfeffer brauchst Du maximal 8 Zutaten für diese Gerichte.

Mit diesen Kategorien kannst Du blitzschnell entscheiden, ob das jeweilige Rezept für Dich infrage kommt. Natürlich haben wir auch die **Nährwerte der Gerichte** für Dich berechnet, Du findest sie direkt bei den Rezepten. Sie sind entweder pro Portion (pro Port.) oder pro Stück (pro Stk.) angegeben. Dabei steht KH für Kohlenhydrate und GF für Gesättigte Fettsäuren.

DIE PERFEKTE MISCHUNG

Ein paar unserer Gewürzmischungen wirst Du in diesem Buch besonders häufig finden. Damit Eure Zusammenarbeit reibungslos verläuft, stellen wir sie Dir kurz vor.

Gemüse Allrounder

Dieser Mix verstärkt die Aromen jeglicher Gemüsesorten ruckzuck und Du erhältst mit wenig Aufwand maximalen Veggie-Geschmack.

Roter Pesto Mix

Im Handumdrehen kannst Du mit dieser Mischung Dein eigenes Pesto kreieren – und besonders in Zeitnot den würzigen Unterschied machen.

Pasta Allrounder

Mit diesem Alleskönner gibst Du Pasta den Feinschliff. Verfeinere so Nudelgerichte aller Art in Sekundenschnelle. Einfach lecker.

Hackfleisch Gewürz

Mit seinen wunderbar pikanten Noten zaubert dieser Mix ruckzuck die perfekte Würze für zahlreiche Fleischgerichte.

Avocado Topping

Einer unserer Topseller – mit crunchy Pyramidensalz, Sesam und Tomatenflocken wird Avocado zum Star in jedem fixen Gericht.

Blueberry Oatmeal Spice

Porridge ist praktisch und mit dieser fruchtig-frischen Mischung nicht nur schnell zubereitet, sondern auch echt lecker.

Kräuter Stullen Spice

Die gute alte Stulle erlebt ihr würziges Wunder mit diesem Mix. Feine Kräuter sorgen im Nu für das gewisse Etwas auf dem Brot.

Italian Stullen Spice

Zaubere Dir eine Stulle mit extra viel Amore! Dieser Mix bringt den Geschmack von Sonne und Urlaub auf Dein Brot.

Übrigens: Wir haben Dir die passende Gewürz-Box zum Buch zusammengestellt. Darin findest Du die hier vorgestellten Mischungen sowie 8 weitere würzige Mixe. Einfach den QR-Code mit dem Smartphone scannen und los geht's!

So, es ist so weit. Dein flottes Kochabenteuer kann losgehen. Und wir wünschen Dir viel Spaß mit unseren zeitsparenden Tipps und Tricks, unzählige schnelle Genussmomente mit den Rezepten und allzeit gutes Essen. Lass es Dir schmecken!

Florian, Ole & Bela

FRISCHE-CHECK
– SO KAUFST DU FLOTT & FRISCH EIN

Bei Deinen Einkäufen verbringst Du die Hälfte der Zeit damit, den Zustand von Früchten und Co. zu prüfen, nur um zuhause dann trotzdem nicht gerade das pure Frischewunder auszupacken? Das hat jetzt ein Ende! In diesem Kapitel geben wir Dir die wichtigsten Anhaltspunkte an die Hand, mit denen Du im Nu erkennst, wie frisch Dein Einkauf wirklich ist.

#1 DIE HERKUNFTSBEZEICHNUNGEN

Klingt simpel, hilft aber ungemein, wenn man sich Folgendes einmal bewusst gemacht hat: Je weiter weg Obst, Gemüse und andere frische Lebensmittel produziert wurden, desto unwahrscheinlicher ist es, dass sie tatsächlich frisch bei Dir ankommen. Natürlich musst Du nicht direkt Angst davor haben, dass alles sofort verkommt – sicher ist aber, dass frische Lebensmittel, die eine weite Reise hinter sich haben, schon deutlich vor der perfekten Reife geerntet beziehungsweise lange gekühlt wurden.

Was aber, wenn Du auf einem Produkt gar keine Herkunftsbezeichnung findest? Tatsächlich ist es so, dass nicht alle Lebensmittel mit ihrer Herkunft ausgezeichnet werden müssen. Wir geben Dir einen kompakten Überblick, auf welchen Lebensmitteln Du welche Angaben finden solltest:
Frisches Fleisch (Land der Aufzucht und Schlachtung), frischer, gesalzener und geräucherter Fisch, Krebs- und Weichtiere (Fanggebiet), Eier (Herkunft, Haltung und Frische), einige frische Obst- und Gemüsesorten (Ursprungsland), Honig (Mischung aus EU- oder Nicht-EU-Ländern).

Nicht ausgezeichnet werden müssen eingelegtes und verarbeitetes Fleisch (zum Beispiel Grillgut, Wurst oder Fleischsalat), das meiste unverpackte Fleisch in Frischetheken, panierter oder anders verarbeiteter Fisch (wie Backfisch oder Fischsalat), getrocknetes oder eingelegtes Obst und Gemüse, stärker verarbeitete Erzeugnisse wie etwa Konfitüre.

Zusammenfassend kannst Du Dir folgendes merken: Angaben zum ganz konkreten Ursprung von Lebensmitteln sind in den meisten Fällen freiwillig. Wird etwa eine bestimmte Region angegeben, spricht das meist für eine vertrauenswürdige Quelle.

#2 DIE SAISONALITÄT

Frische Erdbeeren im Februar? Kann man machen, aber dann ist kein Feuerwerk der Aromen zu erwarten. Warum? Erdbeeren reifen in unseren Breitengraden frühestens Ende April. Vorher kaufst Du sehr wahrscheinlich importierte Früchte, die je nach Transportdauer ebenfalls früh geerntet werden mussten. Achte beim Kauf frischer Lebensmittel immer auf die aktuelle Saison. Denn Saisonalität ist ein ziemlich guter Indikator für die Frische und die aromatische Kraft von Lebensmitteln.

Hier eine knackige Übersicht: Der **FRÜHLING** ist vor allem die Saison des Rhabarbers, Kohlrabis und Spargels. Auch erste Salatsorten wie Feldsalat und frischer Spinat sind jetzt bereit für die Ernte.
Im **SOMMER** kannst Du Dich auf frische Beeren und

Pflaumen freuen, aber auch Gurken, Tomaten und Karotten ergeben nun extra aromatische Kreationen.
Der **HERBST** bringt die tollsten Kürbisse und Kohlsorten hervor. Aber auch Äpfel und Birnen sind jetzt besonders süß und saftig.
Im **WINTER** befinden sich noch einzelne Kohlsorten und etwas Wurzelgemüse auf ihrem aromatischen Höhepunkt. Übrigens: Etwas Frost schadet dem Kohl nicht. Im Gegenteil, er sorgt dafür, dass die Röschen das richtige Aroma bekommen. Denn durch die Minusgrade erhöht sich der Zuckergehalt im Gemüse.

Für eine ausführliche Übersicht zu diesem Thema scanne einfach diesen QR-Code. Er führt Dich direkt zu unserem Blogbeitrag über Saisonalität. Dort findest Du auch einen detaillierten Saisonkalender zum kostenlosen Download. So weißt Du jederzeit, was gerade Saison hat und ein echter Leckerbissen sein könnte.

PS: In Kapitel 2 verraten wir Dir, wie Du auch im Winter Obst und Gemüse aus der Sommersaison genießen kannst und wie Du es richtig haltbar machst.

#3 DIE ÄUSSEREN MERKMALE

Verwende Deine Sinne, um Dich selbst von dem Zustand der Lebensmittel zu überzeugen.

Schritt 1: Sichtbares: Kannst Du untypische Verfärbungen erkennen oder ist die Maserung des Fleisches kaum sichtbar und wirkt schmierig? Dann solltest Du Dich nach einer Alternative umsehen. Doch nicht alle Lebensmittel müssen auf Hochglanz poliert sein – Bananen mit braunen Stellen etwa eignen sich perfekt für Nicecream und sind für den Müll viel zu schade! Und ganz wichtig: Die Form oder Größe von Obst und Gemüse sagt nichts über den Geschmack aus. Auch die weniger formschönen Lebensmittel kannst Du besten Gewissens in Deinen Einkaufskorb wandern lassen.

Schritt 2: Spürbares: Halte die Lebensmittel wenn möglich in Deiner Hand: Ist der Pfirsich noch steinhart? Die Avocado ungleichmäßig weich oder ganz matschig? Das sind Zeichen dafür, dass sie etwas zu früh dran, schlecht gelagert oder schon überreif sind. Hier solltest Du Dich besser nach einem frischen Ersatz umsehen. Achte bei diesem Schritt immer darauf, dass Du keine Druckstellen an den Lebensmitteln hinterlässt.

Schritt 3: Riechbares: Vor allem Deiner Nase kannst Du in Frischefragen vertrauen. Sie ist evolutionär bedingt das sensibelste Organ, wenn es um die Einschätzung geht, ob etwas gut oder schlecht für den Körper ist. Reife Früchte etwa sondern bestimmte Duftstoffe ab, die unsere Nase sehr leicht wahrnehmen kann. Das bedeutet: Wenn Obst, Gemüse oder sonstige Lebensmittel für Dich stark und angenehm duften, sind sie sehr wahrscheinlich optimal gereift und bereit für die Verarbeitung oder zum direkten Verzehr.

Umgekehrt gilt: Riecht etwas unangenehm oder säuerlich, vertraue Deiner Nase und schaue Dich besser nach einer Alternative um. Und wenn eigentlich stark duftende Obst- und Gemüsesorten wie etwa Paprika, Tomaten, Erdbeeren oder Äpfel nach nichts riechen, wurden sie sehr wahrscheinlich deutlich vor ihrer Reife geerntet und werden Dich aromatisch nicht vom Hocker reißen.

Zum Abschluss noch ein Tipp: Etwas einfacher ist das saisonale und besonders frische Food-Shopping auf **Märkten mit viel regionaler Ware** oder in kleinen Obst- und Gemüseläden mit einem begrenzten Sortiment. Mit ein paar Einkäufen und etwas Übung wirst Du die Saisonalität der Lebensmittel ohnehin verinnerlichen und später ganz intuitiv beim Einkaufen Zeit sparen.

So, nun aber frisch ans kulinarische Werk! Zeit für die ersten Kreationen der schnellen Küche!

STULLEN, SANDWICHES & CO.

So einfach machst Du schnelle Schnitten
und Pausenbrote mit Wow-Effekt.

Avocado-Stulle

mit Hummus

Hinter unserem all time favorite, dem Avocado Topping, steckt die Idee, aus der klassischen Avocado-Stulle ein echtes Highlight fürs Brot zu machen. Lass Dich von diesem cremig-würzigen Leckerbissen begeistern!

2 PORTIONEN

1 Avocado

2 Scheiben Brot, nach Wahl

1 EL Hummus

2 Pr. Just Spices Avocado Topping

Die Avocado mit einem Messer der Länge nach halbieren, aufdrehen, den Kern entfernen und mit einem Esslöffel das Fruchtfleisch aus der Schale lösen. Die Avocado in dünne Scheiben schneiden.

Das Brot mit dem Hummus bestreichen und die Avocado darauf verteilen.

Jede Scheibe Brot mit 1 Prise Avocado Topping garnieren.

NÄHR-WERTE	KALORIEN	KH	DAVON ZUCKER	PROTEINE	FETT	DAVON GF	SALZ
pro Port.	269 kcal	29 g	4,4 g	6,2 g	15 g	2,9 g	1,5 g

AVOCADO
TOPPING

ITALIAN STULLEN SPICE

Schinken-Stulle

mit Rucola

Lege Messer und Gabel beiseite, denn hier gibt's was auf die Hand! Die feine Kombination aus cremigem Ricotta, mild-würzigem Parmaschinken und der herb-scharfen Note des Rucola macht Deine Brotzeit zum absoluten Highlight.

2 PORTIONEN

2 Scheiben dunkles Brot, nach Wahl
2 EL Ricotta
4 Scheiben Parmaschinken
1 Handvoll Rucola
30 g Parmesan, gehobelt
1 EL Olivenöl
2 Pr. Just Spices Italian Stullen Spice

Das Brot mit dem Ricotta bestreichen und jeweils 2 Scheiben Parmaschinken auf 1 Scheibe Brot legen.

Den Rucola waschen und trocken schleudern. Das Brot mit dem Rucola und dem Parmesan belegen und mit dem Olivenöl beträufeln.

Jede Scheibe Brot mit 1 Prise Italian Stullen Spice garnieren.

NÄHR-WERTE	KALORIEN	KH	DAVON ZUCKER	PROTEINE	FETT	DAVON GF	SALZ
pro Port.	384 kcal	26 g	2,9 g	20 g	24 g	10 g	3,0 g

Belegte Bagels

mit Hähnchenbrust

Lust auf einen würzigen Appetithappen? Egal ob zum Frühstück, in die Lunchbox oder einfach für zwischendurch – die runden Brotkringel mit Frischkäse, Hähnchenbrust und knackigem Gemüse sind schnell belegt und ein wahrer Genuss!

4 PORTIONEN

4 Bagels
175 g Frischkäse
2 Gewürzgurken
2 Handvoll Rucola
2 Rispentomaten
100 g Hähnchenbrustaufschnitt
4 Pr. Just Spices Kräuter Stullen Spice

Die Bagels nach Packungsanweisung zubereiten.

Den Frischkäse in eine Schüssel geben und mit dem Kräuter Stullen Spice verrühren. Die Gewürzgurken in dünne Scheiben schneiden. Den Rucola waschen und trocken schleudern. Die Tomaten ebenfalls waschen und in dünne Scheiben schneiden.

Die Bagels halbieren und mit dem Frischkäse bestreichen. Den Rucola auf die Unterseite der Bagels geben. Die Tomaten darauf verteilen und mit dem Hähnchenbrustaufschnitt belegen. Zum Schluss die Gurkenscheiben darauflegen und die Oberseite auflegen.

NÄHR-WERTE	KALORIEN	KH	DAVON ZUCKER	PROTEINE	FETT	DAVON GF	SALZ
pro Port.	403 kcal	54 g	11 g	20 g	16 g	9,6 g	2,7 g

HUMMUS
TOPPING

Hummus-Stulle

mit getrockneten Tomaten

Hummus – der Begriff stammt aus dem Arabischen und bedeutet übersetzt „Kichererbse". Der rein pflanzliche Alleskönner ist schon pur auf Brot ein echter Genuss. In Kombination mit getrockneten Tomaten und einer Handvoll Kresse verwandelst Du ihn jedoch in ein absolutes Geschmackswunder!

2 PORTIONEN

25 g getrocknete Tomaten, in Öl
2 Scheiben Weizenbrot
2 EL Hummus
½ Handvoll Kresse
Salz
2 Pr. Just Spices Hummus Topping

Die getrockneten Tomaten in ein Sieb geben und das Öl auffangen.

Die Tomaten in feine Streifen schneiden. Das Brot mit dem Hummus bestreichen und mit den Tomaten belegen.

Jede Scheibe Brot mit etwas Tomatenöl beträufeln und mit je 1 Prise Salz würzen.

Mit der Kresse und je 1 Prise Hummus Topping garnieren.

NÄHR-WERTE	KALORIEN	KH	DAVON ZUCKER	PROTEINE	FETT	DAVON GF	SALZ
pro Port.	212 kcal	32 g	3,3 g	6,9 g	6,2 g	0,2 g	0,62 g

Italienische Stulle

mit Tomaten

Dieses Rezept ist der Beweis dafür, dass belegte Brote alles andere als langweilig sind: Knuspriges Sauerteigbrot, vereint mit cremigem Frischkäse, frischen Tomaten und Basilikum. Dazu das Röstaroma der Pinienkerne und eine ordentliche Prise Amore. Wer kann dem schon widerstehen?

2 PORTIONEN

2 EL Pinienkerne
2 Scheiben Sauerteigbrot
2 EL Frischkäse
250 g Kirschtomaten
½ Handvoll Basilikum
2 Pr. Just Spices Italian Stullen Spice

Die Pinienkerne in einer beschichteten Pfanne ohne Fett bei mittlerer Hitze goldgelb anrösten. Dabei gelegentlich umrühren, damit die Kerne nicht verbrennen. Anschließend herausnehmen und beiseitestellen.

Das Brot mit dem Frischkäse bestreichen. Die Tomaten waschen, vierteln und auf dem Brot verteilen.

Das Basilikum waschen, trocken tupfen und mit den Pinienkernen auf das Brot geben und jede Scheibe mit 1 Prise Italian Stullen Spice garnieren.

NÄHR-WERTE	KALORIEN	KH	DAVON ZUCKER	PROTEINE	FETT	DAVON GF	SALZ
pro Port.	298 kcal	29 g	5,0 g	11 g	15 g	5,1 g	1,2 g

ITALIAN
STULLEN
SPICE
JUST SPICES

SALATE, BOWLS & GEMÜSE

Hier kommt das Glück in Schüsseln.
Knackig, frisch und einfach lecker.

Cremiger Blattsalat

mit Avocado

Lust auf einen schnellen Salat mit frischem Grün? Diese raffinierte Kombination aus knackigem Blattspinat, frischen Tomaten und cremiger Avocado vereint geballte Veggie-Power in einer Schüssel.

4 PORTIONEN

Für das Dressing:

6 EL Wasser

2 EL Balsamicoessig, hell

6 EL Sonnenblumenöl

2 Tütchen Just Spices

Bio 7 Kräuter Dressing Mix

Für den Salat:

200 g Kirschtomaten

1 Salatherz

2 Handvoll junger Blattspinat

½ Avocado

In einer großen Schüssel den Dressing Mix mit dem Wasser, dem Balsamicoessig und dem Sonnenblumenöl verrühren, beiseitestellen und ca. 5 Minuten ziehen lassen.

Die Tomaten waschen, vierteln und zum Dressing in die Schüssel geben.

Das Salatherz halbieren, vom Strunk befreien und in mundgerechte Stücke schneiden. Zusammen mit dem Spinat waschen und trocken schleudern. Beides mit in die Schüssel geben und den Salat gründlich vermengen.

Die Avocado mit einem Messer der Länge nach halbieren, aufdrehen, den Kern entfernen und mit einem Esslöffel das Fruchtfleisch aus der Schale lösen.
Die Avocado in feine Scheiben schneiden.

Den Salat auf 4 Teller verteilen und mit den Avocadoscheiben garnieren.

Tipp: Die übrig gebliebene Hälfte kannst Du mit dem Kern zusammen im Kühlschrank aufbewahren und z. B. für einen Avocado-Toast verwenden.

NÄHR-WERTE	KALORIEN	KH	DAVON ZUCKER	PROTEINE	FETT	DAVON GF	SALZ
pro Port.	260 kcal	5,3 g	4,4 g	2,5 g	25 g	3,0 g	1,1 g

BALSAMICO
DRESSING
MIX

Tomate-Mozzarella-Salat

mit Avocado und Basilikum

Wer Tomaten und Mozzarella mag, wird diese Caprese-Variation lieben! Mit ihrer cremig-nussigen Note verleiht die grüne Frucht Avocado diesem Rezept den letzten Schliff und sorgt in Kombination mit den anderen Komponenten für die nötige Erfrischung an warmen Tagen.

4 PORTIONEN

500 g Kirschtomaten
125 g Mini-Mozzarella
2 EL Balsamicoessig, dunkel
3 EL Olivenöl
2 Avocados
1 Bund Basilikum
Salz
3 Pr. Just Spices Balsamico Dressing Mix

Die Tomaten waschen und halbieren. Zusammen mit dem Mini-Mozzarella in eine Schüssel geben. Mit dem Balsamicoessig und dem Olivenöl marinieren.

Die Avocados mit einem Messer der Länge nach halbieren, aufdrehen, den Kern entfernen und mit einem Esslöffel das Fruchtfleisch aus der Schale lösen. Die Avocados in mundgerechte Stücke schneiden.

Das Basilikum waschen, trocken tupfen, in feine Streifen schneiden und mit den Avocadostücken in die Schüssel geben.

Gründlich verrühren und mit 2 Prisen Salz und dem Balsamico Dressing Mix abschmecken.

NÄHR-WERTE	KALORIEN	KH	DAVON ZUCKER	PROTEINE	FETT	DAVON GF	SALZ
pro Port.	339 kcal	9,6 g	8,8 g	8,2 g	30 g	8,8 g	0,91 g

Bunter Salat

mit Radieschen

Frische, knackige Salate passen einfach in jeden Ernährungsplan und zu jeder Mahlzeit. Dieses Rezept beweist, wie ein einfacher Kopfsalat, vereint mit kunterbuntem Gemüse und der milden Schärfe der Radieschen, blitzschnell zum Star auf Deinem Teller wird!

8

4 PORTIONEN

Für das Dressing:

3 EL Wasser

1 EL Balsamicoessig, hell

3 EL Sonnenblumenöl

1 Tütchen Just Spices Bio Garten Kräuter Dressing Mix

Für den Salat:

2 Karotten

¼ Gurke

1 Bund Radieschen

⅓ Kopfsalat

In einer großen Schüssel den Dressing Mix mit dem Wasser, dem Balsamicoessig und dem Sonnenblumenöl verrühren, beiseitestellen und ca. 5 Minuten ziehen lassen.

Die Karotten schälen, halbieren und in ca. 0,5 cm breite Scheiben schneiden. Die Gurke waschen und in ca. 0,5 cm breite Scheiben schneiden. Die Radieschen waschen, putzen und in ca. 0,2 cm feine Scheiben schneiden. Das Gemüse mit in die Schüssel geben.

Den Salat vom Strunk befreien, waschen und trocken schleudern. Den Salat in mundgerechte Stücke zupfen und mit in die Schüssel geben. Alles gut vermengen.

NÄHR-WERTE	KALORIEN	KH	DAVON ZUCKER	PROTEINE	FETT	DAVON GF	SALZ
pro Port.	259 kcal	10 g	9,5 g	2,5 g	23 g	2,5 g	1,1 g

JUST SPICES
DRESSINGS
BIO
100% NATÜRLICHE ZUTATEN
GARTEN KRÄUTER
DRESSING MIX
OHNE ZUSATZ VON ZUCKER
Serviervorschlag

HOT GARLIC & ONION DIP
JUST SPICES
ITALIENISCHES HÄHNCHEN GEWÜRZ
JUST SPICES

Gemüsepfanne

mit Kichererbsen und Spinat

Du fragst Dich, was passiert, wenn frischer Blattspinat, knackige Kirschtomaten und knusprige Kichererbsen in einer Pfanne aufeinandertreffen? Kombiniere es mit einem cremigen Dip und Du wirst staunen.

2 PORTIONEN

Für die Gemüsepfanne:

125 g junger Blattspinat

150 g Kirschtomaten

2 Dosen Kichererbsen, à 400 g

3 EL Olivenöl

Salz

3 Pr. Just Spices Italienisches Hähnchen Gewürz

Für den Dip:

250 g Joghurt, natur

3 Pr. Just Spices Hot Garlic & Onion Dip

Den Spinat waschen und trocken schleudern. Die Tomaten waschen und halbieren. Die Kichererbsen durch ein Sieb abgießen, abbrausen und abtropfen lassen.

Das Olivenöl in einer Pfanne erhitzen und die Kichererbsen bei mittlerer Hitze 4 Minuten braten. Mit 2 Prisen Salz und dem Italienischen Hähnchen Gewürz würzen.

In der Zwischenzeit den Joghurt in eine kleine Schüssel geben und mit dem Hot Garlic & Onion Dip verrühren.

Den Spinat und die Tomaten zu den Kichererbsen geben und 2 Minuten mitbraten.

Die Gemüsepfanne mit dem Dip servieren.

NÄHR-WERTE	KALORIEN	KH	DAVON ZUCKER	PROTEINE	FETT	DAVON GF	SALZ
pro Port.	610 kcal	52 g	12 g	25 g	33 g	7,1 g	2,8 g

FLEISCH, FISCH & EI

Freue Dich auf neue
Lieblingsgerichte mit Pfiff.

Pochiertes Ei

auf Avocado

Der absolute Frühstücksklassiker mit pochiertem Ei als Low Carb-Variante? Nur her damit! Dieses Gericht kommt ganz ohne Brot aus und schmeckt einfach frisch. Hinter dem Begriff Pochieren versteckt sich eine Garmethode, bei der die Eier ohne Schale knapp unterhalb des Siedepunktes, also zwischen 70 und 80° C, gegart werden

2 PORTIONEN

2 Eier
2 EL Balsamicoessig, weiß
2 EL Crème fraîche
4 Radieschen
1 Avocado
10 Kirschtomaten
Salz
2 Pr. Just Spices Avocado Topping

Die Eier vorsichtig in zwei kleine Gläser aufschlagen. In einem Topf reichlich Wasser mit dem Balsamicoessig und 3 Prisen Salz zum Kochen bringen. Die Temperatur auf leichte Hitze stellen, mit einem Löffel durch Rühren einen Strudel erzeugen und die Eier nacheinander vorsichtig ins Wasser gleiten lassen und 4 Minuten ziehen lassen.

Die Crème fraîche in eine Schüssel geben. Die Radieschen waschen, putzen und in dünne Scheiben schneiden. Die Hälfte fein hacken und zur Crème fraîche geben. Den Rest zur Deko aufbewahren. Die Radieschencreme mit 2 Prisen Salz würzen und gründlich vermengen.

Die Avocado mit einem Messer der Länge nach halbieren, aufdrehen, den Kern entfernen und mit einem Esslöffel das Fruchtfleisch aus der Schale lösen.
Die Avocado in dünne Scheiben schneiden.

Die Tomaten waschen, vierteln und mit den Avocadoscheiben und den restlichen Radieschen auf 2 Teller geben. Die pochierten Eier vorsichtig aus dem Wasser nehmen, auf einem Küchenkrepp abtropfen lassen und auf dem Teller platzieren. Mit der Radieschencreme und dem Avocado Topping garnieren.

NÄHR-WERTE	KALORIEN	KH	DAVON ZUCKER	PROTEINE	FETT	DAVON GF	SALZ
pro Port.	274 kcal	11 g	10 g	8,6 g	22 g	7,0 g	1,5 g

AVOCADO
TOPPING

Gefülltes Omelett

mit Gemüse

Salz, Pfeffer und fertig sind Rührei, Spiegelei und Co.? Mit diesem Rezept sorgst Du für echte Abwechslung! Die herzhafte Eierspeise im Frühlingsgewand bringt mit Blattspinat und Tomaten auch gleich Farbe auf den Teller.

2 PORTIONEN

150 g Kirschtomaten

2 Handvoll junger Blattspinat

4 Eier

1 EL Butter

2 Pr. Just Spices Tomatensalz

2 Pr. Just Spices Stullen Spice

Die Tomaten waschen und vierteln. Den Spinat waschen, trocken schleudern und in dünne Streifen schneiden.

Die Eier in eine Schüssel aufschlagen, mit dem Tomatensalz würzen und gründlich verquirlen.

Zwei Pfannen auf den Herd stellen und jeweils ½ EL Butter hineingeben und bei mittlerer Hitze schmelzen lassen. Die Eiermasse auf die Pfannen verteilen und darüber die Tomaten sowie den Spinat verteilen. 4 Minuten bei leichter Hitze stocken lassen. Vorsichtig zusammenklappen und jedes Omelett auf einen Teller geben. Mit dem Stullen Spice garnieren.

Tipp: Falls Du noch Gemüse übrig hast, kannst Du es perfekt dazu servieren.

NÄHR-WERTE	KALORIEN	KH	DAVON ZUCKER	PROTEINE	FETT	DAVON GF	SALZ
pro Port.	211 kcal	4,5 g	4,3 g	15 g	15 g	6,0 g	1,5 g

Cremiges Rührei

mit Speck und Käse

Egal ob zum Familienbrunch, als kleine Mahlzeit zwischendurch oder zur Brotzeit – Rührei geht einfach immer! Für diese Variante brauchst Du nur wenige Zutaten und erhältst ein einzigartig würziges Geschmackserlebnis. Also nichts wie ran an den Speck!

2 PORTIONEN

60 g Speckwürfel

3 Eier

75 g Cheddar, gerieben

1 TL Butter

2 Pr. Just Spices Rührei Gewürz

Die Speckwürfel in eine Pfanne geben und bei mittlerer Hitze 5 Minuten knusprig ausbacken.

Währenddessen die Eier in eine Schüssel aufschlagen und verquirlen. Den Cheddar hinzugeben und mit dem Rührei Gewürz würzen.

Die Butter mit zu den Speckwürfeln in die Pfanne geben und schmelzen lassen. Die Eiermasse hinzugeben und bei leichter Hitze 4 Minuten unter Rühren stocken lassen.

Tipp: Wenn Du magst, kannst Du noch frischen Schnittlauch über das Rührei geben.

NÄHR-WERTE	KALORIEN	KH	DAVON ZUCKER	PROTEINE	FETT	DAVON GF	SALZ
pro Port.	319 kcal	1,6 g	1,6 g	25 g	24 g	12 g	1,5 g

RÜHREI
GEWÜRZ

SÜSSES
& SNACKS

Ob süß oder herzhaft, hier darf nach Herzenslust geknuspert werden.

Blaubeer-Smoothie

mit Erdnussbutter

Beim Zusammentreffen des salzig-nussigen Geschmacks von Erdnussbutter und dem mild-süßlichen Aroma der Banane schlagen bereits alle Herzen höher. Verfeinert durch die fruchtige Note der Blaubeere ist dieser Smoothie blitzschnell zu einem unserer Lieblinge geworden.

2 PORTIONEN

Für den Smoothie:

1 Banane

300 g Blaubeeren, tiefgekühlt

350 ml Hafermilch

1 EL Erdnussbutter

4 Pr. Just Spices Blueberry Oatmeal Spice

Für das Topping:

2 EL Granola, Grundrezept S. 274 oder gekauftes

Die Banane schälen und in einen Standmixer geben. Die Blaubeeren mit der Hafermilch, der Erdnussbutter und dem Blueberry Oatmeal Spice hinzugeben und zu einem feinen Smoothie pürieren.

Den Smoothie auf 2 Gläser verteilen und mit dem Granola garnieren.

NÄHR-WERTE	KALORIEN	KH	DAVON ZUCKER	PROTEINE	FETT	DAVON GF	SALZ
pro Port.	419 kcal	42 g	28 g	11 g	22 g	4,0 g	0,1 g

BLUEBERRY
OATMEAL
SPICE
JUST
SPICES

Ummantelter Bananensnack

mit Erdnussbutter-Dip

Es ist Zeit, der Banane ein ordentliches Upgrade zu verpassen: Ummantelt von cremiger Erdnusssoße und knusprigem Granola sind diese kleinen Leckerbissen schnell und einfach zubereitet.

2 PORTIONEN

2 Bananen
2 EL Erdnussbutter
4 EL Wasser
200 g Granola, Grundrezept S. 274 oder gekauftes
Salz
3 Pr. Just Spices Blueberry Oatmeal Spice

Die Bananen schälen.

In einem tiefen Teller die Erdnussbutter mit dem Wasser vermengen. Die Hälfte in eine kleine Schüssel geben und beiseitestellen, um sie später als Dip zu servieren.

Die andere Hälfte der Erdnussbutter mit dem Blueberry Oatmeal Spice und 1 Prise Salz verrühren.

Das Granola in einen zweiten tiefen Teller geben.

Die Bananen zuerst in der Erdnussbutter-Mischung und anschließend im Granola wälzen, sodass sie gleichmäßig ummantelt sind.

Die Bananen in dünne Scheiben schneiden und zusammen mit dem Erdnussbutter-Dip servieren.

NÄHR-WERTE	KALORIEN	KH	DAVON ZUCKER	PROTEINE	FETT	DAVON GF	SALZ
pro Port.	903 kcal	68 g	32 g	30 g	57 g	9,0 g	0,51 g

Obst-Bowl

mit Granola

Obst-Bowls sind nicht nur optisch ein echtes Highlight, sondern auch geschmacklich ein Erlebnis. Diese Variante ist vegan und sorgt dank der bunten Vielfalt des Beerenobstes gleich für gute Laune in der Schüssel.

2 PORTIONEN

1 Banane
500 g Kokosjoghurt, ungesüßt
2 EL Himbeeren, tiefgekühlt
2 EL Heidelbeeren, tiefgekühlt
4 EL Granola, Grundrezept S. 274 oder gekauftes
2 Pr. Just Spices Cherry Kiss

Die Banane schälen und in dünne Scheiben schneiden.

Den Kokosjoghurt auf 2 Schüsseln verteilen.

Die gefrorenen Himbeeren und Heidelbeeren sowie die Bananenscheiben hinzugeben und mit je 2 EL Granola und dem Cherry Kiss garnieren.

NÄHRWERTE	KALORIEN	KH	DAVON ZUCKER	PROTEINE	FETT	DAVON GF	SALZ
pro Port.	429 kcal	36 g	18 g	8,4 g	27 g	19 g	0,02 g

CHERRY
KISS

BERRY
YOGHURT
SPICE

Joghurt-Bowl

mit Beeren

So einfach, so gut: Die köstliche Joghurt-Bowl ist perfekt für alle, die gern süß in den Tag starten oder einen Snack für zwischendurch suchen. Ohne Aufwand kreierst Du mit diesem Rezept eine cremige Speise, die durch frische und leichte Zutaten gewinnt.

2 PORTIONEN

500 g Joghurt, natur
1 EL Agavendicksaft
150 g Heidelbeeren
2 EL Mandelsplitter, geröstet
5 Pr. Just Spices Berry Yoghurt Spice

Den Joghurt in eine Schüssel geben und mit 3 Prisen Berry Yoghurt Spice verrühren.

Für die Beerensoße den Agavendicksaft in einer kleinen Schüssel mit 2 Prisen Berry Yoghurt Spice verrühren.

Die Heidelbeeren vorsichtig waschen. Den Joghurt auf 2 Schüsseln verteilen und mit den Beeren, den Mandelsplittern sowie der Beerensoße garnieren.

NÄHR-WERTE	KALORIEN	KH	DAVON ZUCKER	PROTEINE	FETT	DAVON GF	SALZ
pro Port.	328 kcal	23 g	22 g	14 g	19 g	6,4 g	0,31 g

Bananenbrot

Smoothie-Bowl

Bananenbrot als Smoothie-Bowl? Du hast richtig gehört! Statt den saftigen Klassiker weiterhin auf dem Kuchenteller zu verspeisen, solltest Du die Zutaten unbedingt einmal püriert als Frühstücksbowl probieren! Es handelt sich um eine leckere Alternative zum klassischen Müsli und ist zugleich eine hervorragende Möglichkeit, um überreife Bananen zu verwerten

2 PORTIONEN

Für die Smoothie-Bowl:

4 Bananen, reif

1 Zitrone, Saft

300 ml Hafermilch

100 g Haferflocken, zart

4 Pr. Just Spices Bananenbrot Gewürz

Für das Topping:

50 g Walnüsse

50 g Schokolade, zartbitter

1 Banane

2 EL Granola, Grundrezept S. 274 oder gekauftes

Für die Smoothie-Bowl die Bananen schälen. Die Zitrone halbieren und den Saft auspressen. Die Bananen, den Zitronensaft und die restlichen Zutaten in einen Standmixer geben und 2 Minuten gründlich mixen.

Für das Topping die Walnüsse grob hacken und die Schokolade in mundgerechte Stücke schneiden. Die Banane schälen und in dünne Scheiben schneiden.

Den Smoothie auf 2 Schüsseln verteilen und mit den Toppings garnieren.

NÄHR-WERTE	KALORIEN	KH	DAVON ZUCKER	PROTEINE	FETT	DAVON GF	SALZ
pro Port.	873 kcal	110 g	64 g	19 g	38 g	8,4 g	0,09 g

BANANEN
BROT
GEWÜRZ

Cremiges Porridge

mit Apfel und Karotten

Gemüse im Porridge? Auf jeden Fall! Der ursprünglich aus Schottland stammende Haferbrei bekommt in diesem Gericht knackige Gesellschaft. Bereits der erste Löffel wird Erinnerungen an Omas leckeren Karottenkuchen wecken und ein wohlig warmes Gefühl in Dir auslösen.

2 PORTIONEN

2 Karotten
100 g Haferflocken, kernig
400 ml Haselnussmilch
75 g Haselnüsse, gehackt
1 Apfel, klein
2 Pr. Just Spices Zimtbrötchen Gewürz

Die Karotten schälen und grob raspeln.

Die Haferflocken mit der Haselnussmilch, den Karotten, der Hälfte der Haselnüsse und dem Zimtbrötchen Gewürz in einen Topf geben und unter Rühren zum Kochen bringen. Bei leichter Hitze ca. 6 Minuten ziehen lassen.

Den Apfel waschen, vierteln und entkernen. Anschließend in dünne Scheiben schneiden.

Das Porridge auf 2 Schüsseln verteilen, mit den Apfelscheiben und den restlichen Haselnüssen garnieren.

NÄHR-WERTE	KALORIEN	KH	DAVON ZUCKER	PROTEINE	FETT	DAVON GF	SALZ
pro Port.	519 kcal	47 g	8,9 g	14 g	30 g	2,6 g	0,04 g

Joghurt-Trifle

mit Kirschen und Granola

Schicht für Schicht ein wahres Gedicht! Ob zum Frühstück oder als Abschluss eines leckeren Menüs gereicht – diese fruchtig-cremige Joghurtkreation sorgt auf alle Fälle für geballte Geschmackspower im Glas.

2 PORTIONEN

400 g griechischer Joghurt
1 EL Honig
1 Glas Süßkirschen, klein, ca. 370 g
2 EL Granola, Grundrezept S. 274 oder gekauftes
3 Pr. Just Spices Kakaokuss

Den griechischen Joghurt in eine Schüssel geben und mit dem Honig verrühren. Bis zur weiteren Verwendung kalt stellen.

Die Kirschen durch ein Sieb abgießen, dabei 3 EL Flüssigkeit auffangen. Die Kirschen samt der aufgefangenen Flüssigkeit in eine Schüssel geben und mit dem Kakaokuss vermengen.

Die Kirschen und den Joghurt schichtweise in 2 Gläser portionieren. Mit je 1 EL Granola garnieren.

NÄHR-WERTE	KALORIEN	KH	DAVON ZUCKER	PROTEINE	FETT	DAVON GF	SALZ
pro Port.	396 kcal	36 g	31 g	11 g	23 g	14 g	0,02 g

Studentenfutter

mit orientalischer Note

Dieser fruchtig-scharfe Snack ist die optimale Lösung für den kleinen Hunger zwischendurch. Im Gegensatz zu Chips und Schokolade versorgt Dich die Nussmischung mit essenziellen Fettsäuren, Eiweiß und Mineralstoffen. Mach Dich bereit für eine knusprige Reise in die orientalische Küche!

4 PORTIONEN

400 g Nusskerne, gemischt
3 EL Honig
1 EL Sonnenblumenöl
100 g Soft-Aprikosen
Salz
4 Pr. Just Spices Hackfleisch Gewürz

Die Nüsse in eine Pfanne geben und bei mittlerer Hitze 2 Minuten rösten. Den Honig und das Sonnenblumenöl hinzugeben, gut vermengen und 3 Minuten bei mittlerer Hitze karamellisieren lassen.

Die Aprikosen in ca. 0,2 × 0,2 cm große Würfel schneiden und mit in die Pfanne geben. Mit dem Hackfleisch Gewürz und 2 Prisen Salz würzen. Alles gut vermengen und 2 Minuten bei mittlerer Hitze braten.

Die Nussmischung auf ein mit Backpapier ausgelegtes Backblech geben und auskühlen lassen.

NÄHRWERTE	KALORIEN	KH	DAVON ZUCKER	PROTEINE	FETT	DAVON GF	SALZ
pro Port.	784 kcal	39 g	27 g	20 g	59 g	6,5 g	0,73 g

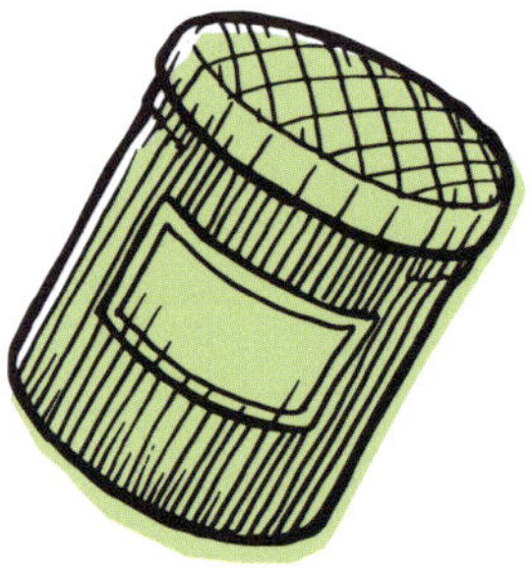

LAGEBERICHT: LEBENSMITTEL RICHTIG AUFBEWAHREN

In Deiner Küche fangen Kartoffeln nach kurzer Zeit an zu keimen? Tomaten verlieren blitzschnell an Aroma und der Salatkopf hat nach zwei Tagen braune Stellen? Das können Hinweise auf eine falsche Lagerung sein. Wir verraten Dir, wo sich welche Lebensmittel am wohlsten fühlen und was Du sonst noch beachten solltest.

KÜHLSCHRANK: DIESE LEBENSMITTEL MÖGEN ES FRISCH

Mit seinen Klimazonen bietet Dein Kühlschrank für verschiedene Lebensmittel die perfekte Temperatur, um ihre Frische so lange wie möglich zu erhalten. **Ganz wichtig**: Wenn Deine Lebensmittel in Plastik verpackt sind, solltest Du sie unbedingt auspacken, damit keine Feuchtigkeit oder gar Schimmel unter dem Plastik entstehen kann.

So sieht die perfekte Ordnung im Kühlschrank aus:

OBERES FACH (7–10 °C): Angebrochene Lebensmittel wie Konserven, Soßen und Getränke, Reste Deiner zubereiteten Gerichte.

MITTLERES FACH (6–7 °C): Frische Milch und Milchprodukte.

UNTERES FACH (3–5 °C): Frisches Fleisch, Aufschnitt und frischer Fisch.

GEMÜSEFACH (10–12 °C): Salat, Gemüse und frische Kräuter.

Diese Lebensmittel gehören NICHT in den Kühlschrank: Tomaten (verlieren Aroma), Zitrusfrüchte (verlieren Vitamine und Geschmack), Olivenöl (wird trüb und flockig), Kartoffeln und Süßkartoffeln (werden mehlig und keimen), Zwiebeln (werden feucht und können schimmeln), Bananen (kriegen schneller dunkle Stellen).

GEFRIERFACH: DAS KANNST DU PROBLEMLOS EINFRIEREN

Dein Gefrierfach ist ein wahres Frischewunder und kann Dir – richtig genutzt – viel Zeit und Mühe in der Küche ersparen. Auch fertig zubereitete Gerichte halten sich eingefroren meist mehrere Wochen – so musst Du bei größerer Zeitnot nicht auf Fertiggerichte zurückgreifen, sondern kannst Deine eigenen Kreationen genießen, deren Inhaltsstoffe Du ganz genau kennst.

Ins Gefrierfach dürfen: Fisch und Fleisch, Brot, Gebäck, Milchprodukte wie Butter, Sahne (danach nur zum Kochen verwenden), Käse (gerieben oder am Stück), fertig zubereitete Gerichte, Suppen.

Diese Lebensmittel gehören NICHT ins Gefrierfach: Rohe Kartoffeln (werden süß und glasig), wasserreiche Obst- und Gemüsesorten wie Gurken oder Tomaten (verlieren ihre Konsistenz und werden matschig), gelatinehaltige Speisen (können flüssig werden), Milchprodukte wie Joghurt, Quark, Milch, Buttermilch, Kefir.

Übrigens: Das **Auftauen** solltest Du immer in den Kühlschrank verlegen. Dort tauen die Lebensmittel besonders schonend und Keime können sich nur schwer bilden. Tabu hingegen ist das Auftauen in warmem Wasser oder auf der Heizung. Wenn Du es eilig hast, kannst Du die verschlossenen Gefrierbeutel auch in kaltem Wasser auftauen oder aber die Auftaufunktion Deiner Mikrowelle nutzen. Die einzige Ausnahme ist Tiefkühlgemüse – dieses solltest Du sofort in die heiße Pfanne geben, ohne es vorher aufzutauen.

VORRATSSCHRANK: DIESE PRODUKTE LAGERST DU TROCKEN

Nicht alle Lebensmittel vertragen eine Lagerung im Kühlschrank oder gar im Eisfach. Einige – vor allem trockene Vorräte – sind in einem gewöhnlichen Vorratsschrank viel besser aufgehoben. Wichtig ist nur, dass keine Feuchtigkeit im Schrank oder in der Schublade herrscht, da Deine Vorräte sonst schimmeln könnten.

Im Vorratsschrank fühlen sich wohl: Kaffee und Tee, Konserven, trockene Backzutaten wie Mehl und Zucker, Süßigkeiten, Olivenöl, Fixprodukte, Gewürze.

Gut zu wissen: Gewürze verlieren ihr Aroma vor allem durch drei äußere Einflüsse: Licht, Luft und Feuchtigkeit. Deshalb sind unsere Gewürzmischungen luftdicht und lichtundurchlässig verpackt. So behalten sie ihre Aromen über einen langen Zeitraum.

KELLER: DIESE LEBENSMITTEL LIEBEN ES DUNKEL & KÜHL

Einige Obst- und Gemüsesorten reagieren besonders empfindlich auf Licht und Wärme und sollten deshalb möglichst dunkel und unter Zimmertemperatur gelagert werden.

Perfekt für die Kellerlagerung geeignet sind: Äpfel und Birnen, Kartoffeln und Süßkartoffeln, Zwiebeln, Karotten, Getränke.

Wenn Du diese Ordnung beachtest, kann bei der Lagerung Deiner Lebensmittel eigentlich nichts mehr schiefgehen. Zum Schluss wollen wir Dir noch drei Top-Tipps mit auf den Weg geben, die Dir den Überblick über Deine Vorräte so leicht wie möglich machen:

1. THEMENBOXEN EINRICHTEN: Du kannst am besten Ordnung in Deinen Vorräten halten, wenn Du transparente Boxen mit bestimmten Produktgruppen bestückst. So kannst Du beispielsweise alle Backzutaten in eine Kiste räumen, Nudeln, Reis, Couscous und Co. in eine andere und so weiter. So verhinderst Du, dass einzelne Produkte in den Tiefen Deiner Schränke verschwinden und eventuell verkommen.

2. ÄLTERES NACH VORN: Wenn Du etwa Pflanzendrinks oder Konserven auf Vorrat kaufst, hilft es, die Packungen mit der kürzesten Haltbarkeit direkt nach vorne zu stellen. So kommt es nicht vor, dass Du im Eifer des Küchengefechts eine neuere Packung öffnest und andere schlecht werden.

3. REGELMÄSSIGE CHECKS: Nimm Dir einmal im Monat Zeit, Deine Vorräte zu überprüfen und gegebenenfalls neu zu sortieren. Du wirst sehen: Eine halbe Stunde reicht schon aus, um die perfekte Ordnung wiederherzustellen und den Rest des Monats Zeit zu sparen.

So, alles sortiert? Dann bist Du bereit für die nächsten flotten Rezepte!

STULLEN, SANDWICHES & CO.

Zum Anbeißen lecker.

Spiegelei Sandwich

mit Pflücksalat

Sunny side up! Deine knusprig gebratenen Spiegeleier landen hier zwischen knackigen Tomaten, frischem Pflücksalat und krossem Baguette. Das Ergebnis ist einfach zum Reinbeißen.

2 PORTIONEN

2 Mini-Baguettes
3 EL Olivenöl
2 Eier
1 Rispentomate
2 Handvoll Pflücksalat
2 EL Mayonnaise
Salz
3 Pr. Just Spices Kräuter Stullen Spice

Die Baguettes waagerecht aufschneiden. 2 EL Olivenöl in einer Pfanne erhitzen und die Baguettes mit der Schnittfläche nach unten 2 Minuten bei mittlerer Hitze anrösten. Aus der Pfanne nehmen und beiseitestellen.

1 EL Olivenöl in derselben Pfanne erhitzen und beide Eier in die Pfanne aufschlagen. Mit 2 Prisen Salz würzen und bei mittlerer Hitze 2 Minuten braten. Die Tomate waschen und in dünne Scheiben schneiden. Den Salat waschen und trocken schleudern.

Die Unterseite der Baguettes mit der Mayonnaise bestreichen, die Tomaten darauf verteilen und mit dem Salat belegen. Zum Schluss je 1 Spiegelei daraufgeben, mit dem Kräuter Stullen Spice toppen und die Oberseite des Baguettes auflegen.

NÄHR-WERTE	KALORIEN	KH	DAVON ZUCKER	PROTEINE	FETT	DAVON GF	SALZ
pro Port.	808 kcal	79 g	8,6 g	21 g	45 g	13 g	2,9 g

KRAUTER
STULLEN
SPICE

ITALIAN
STULLEN
SPICE

Grüne Stulle

mit Champignons

Basilikum und Rucola – ein Duo, das nur so strotzt von kräftigen Aromen. Verarbeitet zu einem cremigen Aufstrich verpassen die Kräuter einer einfachen Scheibe Brot die nötige Würze. Dazu der nussig-intensive Geschmack von Champignons, geschwenkt in Sojasoße, und fertig ist die perfekte Stulle.

2 PORTIONEN

400 g Champignons
2 EL Olivenöl
2 EL Sojasoße
30 g Basilikum
150 g Rucola
125 ml Wasser
400 g Frischkäse
4 Scheiben Brot
Salz, Pfeffer
4 Pr. Just Spices Italian Stullen Spice

Die Champignons putzen, den Strunk abschneiden und in dünne Scheiben schneiden. Das Olivenöl in einer großen Pfanne erhitzen und die Champignons bei starker Hitze ca. 5 Minuten braten.

Mit 1 Prise Salz und Pfeffer abschmecken, mit der Sojasoße ablöschen und 1 Minute weiterbraten. Aus der Pfanne nehmen und beiseitestellen.

Das Basilikum waschen, trocken tupfen und abzupfen. Den Rucola waschen und trocken schleudern.

Das Basilikum mit dem Rucola und dem Wasser in ein hohes Gefäß geben und mit einem Pürierstab fein mixen. Mit 1 Prise Salz und Pfeffer abschmecken und in einem feinen Sieb kurz abtropfen lassen.

Den Frischkäse mit dem Basilikum-Rucola-Püree in eine Schüssel geben und verrühren. Die Brotscheiben damit bestreichen.

Die Champignons auf dem Brot verteilen und jede Brotscheibe mit 1 Prise Italian Stullen Spice würzen.

NÄHR-WERTE	KALORIEN	KH	DAVON ZUCKER	PROTEINE	FETT	DAVON GF	SALZ
pro Port.	668 kcal	59 g	14 g	44 g	27 g	8,8 g	3,3 g

Rührei-Stulle

mit Tomaten

Rührei geht immer. Und serviert auf einer knusprigen Scheibe Sauerteigbrot ist das eine ganz besonders raffinierte und aromatische Variante. Ob als herzhaftes Frühstück, als schneller Mittagssnack oder als simples Abendbrot – wir finden es rund um die Uhr zum Anbeißen!

2 PORTIONEN

4 Scheiben Sauerteigbrot
2 EL Butter
150 g Kirschtomaten
4 Eier
4 Pr. Just Spices Rührei Gewürz

Das Brot mit 1 EL Butter bestreichen. Die restliche Butter in eine Pfanne geben und bei mittlerer Hitze erwärmen.

Die Tomaten waschen und halbieren. Die Tomaten in die Pfanne geben und 4 Minuten braten.

Währenddessen die Eier in eine Schüssel aufschlagen und gründlich verquirlen. Die Eier mit in die Pfanne geben und mit dem Rührei Gewürz würzen. Die Eier ca. 1 Minute stocken lassen, dann so lange umrühren, bis die gewünschte Konsistenz erreicht ist.

Das Rührei auf dem Brot servieren.

NÄHR-WERTE	KALORIEN	KH	DAVON ZUCKER	PROTEINE	FETT	DAVON GF	SALZ
pro Port.	472 kcal	50 g	5,5 g	21 g	21 g	9,5 g	2,9 g

RÜHREI
GEWÜRZ

Bunte italienische Stulle

mit Ziegenkäse

Bereit für Sommer, Sonne, Strand und Meer? Nicht nur aufgrund der leuchtenden Farben, sondern auch dank der köstlichen Kombination aus knackigem mediterranen Gemüse und cremigem Ziegenkäse sorgt diese Superstulle für absolutes Urlaubsfeeling!

2 PORTIONEN

4 Scheiben Graubrot
3 EL Frischkäse
1 Handvoll junger Blattspinat
2 Tomaten, orange & rot
½ Zucchini, klein
1 Paprika, gelb
½ Fenchelknolle, klein
4 Scheiben Ziegenkäse
4 Pr. Just Spices Italian Stullen Spice

Das Brot mit dem Frischkäse bestreichen und jeweils mit 1 Prise Italian Stullen Spice würzen.

Den Spinat waschen, trocken schleudern und auf 2 Brotscheiben verteilen. Die Tomaten waschen, ggf. den Strunk entfernen und in Scheiben schneiden. Die Zucchini waschen, die beiden Enden abschneiden und mit einem Sparschäler in Streifen schneiden.

Die Paprika waschen, das Kerngehäuse entfernen und in Streifen schneiden. Den Fenchel waschen, längs vierteln, den Strunk herausschneiden und in dünne Scheiben schneiden.

Die mit dem Spinat belegten Brotscheiben nacheinander mit den roten Tomaten, Zucchini, Ziegenkäse, Paprika, Fenchel und orangen Tomaten belegen und jeweils mit der zweiten Brotscheibe abschließen.

Die Stullen halbieren und servieren.

NÄHR-WERTE	KALORIEN	KH	DAVON ZUCKER	PROTEINE	FETT	DAVON GF	SALZ
pro Port.	601 kcal	57 g	12 g	30 g	27 g	17 g	3,2 g

Pizza-Sandwich

mit Salami und Mozzarella

Keine Lust auf die Standard-Pizza vom Lieferdienst zu warten? Dann haben wir für Dich das perfekte Pendant zum italienischen Klassiker, das sich ganz einfach zubereiten und frisch und heiß genießen lässt. Mach Dich bereit für eine käsige Verführung im Knuspermantel!

2 PORTIONEN

3 EL Tomatenmark
3 EL Wasser
1 Rispentomate
4 Scheiben Toastbrot
8 Scheiben Salami
70 g Mozzarella, gerieben
3 EL Olivenöl
3 Pr. Just Spices Roter Pesto Mix

Das Tomatenmark mit dem Roten Pesto Mix und dem Wasser in einer kleinen Schüssel verrühren.

Die Tomate waschen und in dünne Scheiben schneiden.

Das Toastbrot mit der Tomatenmarkmischung bestreichen. Die Salami auf 2 Scheiben Toastbrot geben, mit den Tomaten belegen und den Mozzarella darauf verteilen. Mit dem übrig gebliebenen Toast belegen und leicht zusammendrücken.

Das Olivenöl in einer Pfanne erhitzen und die Sandwiches 3 Minuten von jeder Seite bei mittlerer Hitze ausbacken.

NÄHR-WERTE	KALORIEN	KH	DAVON ZUCKER	PROTEINE	FETT	DAVON GF	SALZ
pro Port.*	783 kcal	39 g	7,9 g	29 g	57 g	19 g	4,1 g

HOT GARLIC
& ONION
DIP

Schnelle Quesadilla

mit würzigem Dip

Quesadilla ist eine typische Speise aus Mexico, basierend auf einer mit ordentlich Käse gefüllten Tortilla. Wir verfeinern das Ganze am liebsten herzhaft mit saftigen Tomaten, Mais und würziger Avocadocreme. Lass Dich begeistern von einem Gericht mit absolutem Soulfood-Charakter!

4 PORTIONEN

Für den Dip:

250 g Crème fraîche

4 Pr. Just Spices Hot Garlic & Onion Dip

Für die Quesadillas:

2 Avocados

150 g Kirschtomaten

1 Dose Mais, à 285 g

4 Wraps

150 g Cheddar, gerieben

4 EL Olivenöl

Salz

4 Pr. Just Spices Hot Garlic & Onion Dip

Für den Dip die Crème fraîche und den Hot Garlic & Onion Dip in einer kleinen Schüssel verrühren und bis zur weiteren Verwendung kalt stellen.

Die Avocados mit einem Messer der Länge nach halbieren, aufdrehen, den Kern entfernen und mit einem Esslöffel das Fruchtfleisch aus der Schale lösen.
Die Avocados mit dem Hot Garlic & Onion Dip und 3 Prisen Salz in einer Schale mit einer Gabel fein zerdrücken.

Die Tomaten waschen und in dünne Scheiben schneiden. Den Mais durch ein Sieb abgießen, abbrausen und abtropfen lassen.

Die Wraps jeweils einmal bis zur Mitte einschneiden. Die Avocadocreme, Tomaten, Mais und den geriebenen Cheddar auf je ein Viertel der Wraps verteilen.
Die Wraps nacheinander über die Füllungen einschlagen, bis ein Dreieck entsteht, und etwas zusammendrücken.

2 EL Olivenöl in einer Pfanne erhitzen und 2 Wrap-Dreiecke hineingeben und bei mittlerer Hitze 2 Minuten von jeder Seite anbraten. Die Wraps herausnehmen und bei Bedarf im Ofen bei 80 °C (Umluft) warm halten. Das restliche Olivenöl in der Pfanne erhitzen und die übrig gebliebenen Wraps ebenfalls bei mittlerer Hitze 2 Minuten von jeder Seite anbraten.

Die Quesadillas zusammen mit dem Dip servieren.

NÄHR-WERTE	KALORIEN	KH	DAVON ZUCKER	PROTEINE	FETT	DAVON GF	SALZ
pro Port.	859 kcal	56 g	11 g	21 g	61 g	25 g	2,5 g

SALATE, BOWLS & GEMÜSE

So lecker ist die Vielfalt von Gemüse.

Kichererbsensalat

mit Feta

Kichererbsen sind echte Alleskönner. Sie versprechen nicht nur eine Menge gute Laune nach dem Essen, sondern punkten auch mit einem hohen Gehalt an pflanzlichem Eiweiß, Mineralstoffen und Ballaststoffen. Dank ihnen schmeckt dieser leichte Sommersalat nicht nur herrlich frisch, sondern hält Dich auch noch lange satt!

2 PORTIONEN

Für den Salat:

1 Dose Kichererbsen, à 400 g
1 EL Olivenöl
1 Zwiebel, rot
1 Rispentomate
½ Gurke
1 Paprika, rot
150 g Feta
Salz

Für das Dressing:

½ Bund Petersilie, glatt
1 TL Senf
3 EL Olivenöl
2 EL Balsamicoessig, hell
4 Pr. Just Spices Balsamico Dressing Mix

Den Backofen auf 220 °C (Ober-/ Unterhitze vorheizen).

Die Kichererbsen durch ein Sieb abgießen, abbrausen und abtropfen lassen. Mit 2 Prisen Salz und dem Olivenöl in einer Schüssel marinieren und auf ein mit Backpapier ausgelegtes Backblech geben. Die Kichererbsen 10 Minuten in den Backofen geben.

In der Zwischenzeit die Zwiebel schälen, halbieren und in feine Streifen schneiden. Die Tomate waschen, vierteln und mundgerecht würfeln. Die Gurke waschen, vierteln, entkernen und ebenfalls mundgerecht würfeln. Die Paprika waschen, halbieren, entkernen und mit einem Messer die weißen Fasern entfernen. Anschließend mundgerecht würfeln.

Für das Dressing die Petersilie waschen, trocken tupfen und in feine Streifen schneiden. Alle Zutaten für das Dressing in eine Schüssel geben und gründlich verrühren.

Die gebackenen Kichererbsen in eine Schüssel geben, das Gemüse und das Dressing hinzugeben und gründlich vermengen. Den Feta hineinbröseln und vorsichtig unterheben.

NÄHR-WERTE	KALORIEN	KH	DAVON ZUCKER	PROTEINE	FETT	DAVON GF	SALZ
pro Port.	725 kcal	40 g	18 g	25 g	51 g	17 g	4,6 g

BALSAMICO
DRESSING
MIX

HUMMUS TOPPING

Bunte Bowl

mit Hummus

Gegensätze ziehen sich bekanntlich an, oder? Das beweist uns auch diese Bowl: Orientalisch inspiriert überzeugt sie mit der einzigartigen Kombination aus kalt und warm, würzig und mild, knackig und körnig. So vielfältig, so lecker!

2 PORTIONEN

2 Handvoll Feldsalat
1 Snackgurke
250 g Kirschtomaten
1 Dose Kidneybohnen, à 200 g
1 Dose Mais, à 150 g
1 Dose Kichererbsen, à 200 g
100 g Couscous
125 g Hummus, Rezept S. 95 oder gekauften
4 EL Olivenöl
4 Pr. Just Spices Kichererbsen Allrounder
1 EL Just Spices Gemüsebrühe ohne Zuckerzusatz*
4 Pr. Just Spices Hummus Topping

*enthält von Natur aus Zucker

Den Feldsalat waschen, putzen und trocken schleudern. Die Gurke waschen, beide Enden entfernen, längs vierteln und fein würfeln. Die Tomaten waschen und halbieren.

Die Kidneybohnen, den Mais und die Kichererbsen jeweils durch ein Sieb abschütten, abbrausen und abtropfen lassen. Die Kichererbsen in eine Schüssel geben und mit dem Kichererbsen Allrounder vermengen.

Den Couscous nach Packungsanleitung mit der Gemüsebrühe ohne Zuckerzusatz zubereiten.

In einer Schüssel das Gemüse und den Couscous kreisförmig anrichten und in der Mitte den Hummus platzieren. Mit dem Hummus Topping und dem Olivenöl garnieren.

NÄHR-WERTE	KALORIEN	KH	DAVON ZUCKER	PROTEINE	FETT	DAVON GF	SALZ
pro Port.	786 kcal	78 g	12 g	27 g	40 g	5,0 g	4,2 g

Asia-Bowl

mit Erdnüssen

Die asiatische Küche ist bunt, vielfältig und hält eine Menge exotischer Köstlichkeiten bereit. Diese Bowl punktet speziell mit knackigem Gemüse, kräftig-würzigen Aromen und einer süß-säuerlichen Soße. Für den extra Crunch on top sorgen geröstete Erdnüsse.

2 PORTIONEN

Für die Bowl:

200 g Mie-Nudeln

1 EL Sesamöl

3 Karotten

½ Gurke

1 Avocado

50 g Erdnüsse, geröstet

Für das Dressing:

1 Limette, Saft

1 EL Erdnussbutter

1 EL Sojasoße

3 Pr. Just Spices Asia Allrounder

Die Mie-Nudeln nach Packungsanleitung zubereiten, abschütten und mit kaltem Wasser abschrecken. Mit dem Sesamöl in eine Schüssel geben und vermengen.

Die Karotten schälen, längs in dünne Scheiben und anschließend in feine Streifen schneiden. Die Gurke waschen, vierteln, entkernen und längs in dünne Streifen schneiden.

Die Avocado mit einem Messer der Länge nach halbieren, aufdrehen, den Kern entfernen und mit einem Esslöffel das Fruchtfleisch aus der Schale lösen. Die Avocado in dünne Scheiben schneiden.

Für das Dressing die Limette halbieren und den Saft auspressen. Den Saft zusammen mit der Erdnussbutter, der Sojasoße und dem Asia Allrounder in einer kleinen Schüssel vermengen.

Die Mie-Nudeln auf 2 Schüsseln verteilen, die Karotten und Gurken hinzugeben und mit den Erdnüssen und der Avocado garnieren. Zusammen mit dem Dressing servieren.

Tipp: Frischer Koriander eignet sich hervorragend als Topping!

NÄHR-WERTE	KALORIEN	KH	DAVON ZUCKER	PROTEINE	FETT	DAVON GF	SALZ
pro Port.	942 kcal	96 g	23 g	28 g	48 g	8,3 g	0,97 g

Rohkostplatte

mit Hummus

Frisches Grün, saftiges Rot, kräftiges Orange: Dieses Rezept glänzt genauso mit Farb- wie mit Aromenvielfalt! In Kombination mit cremigem Hummus, der orientalischen Spezialität, die aus wenigen Zutaten blitzschnell selbst gemacht ist, zieht diese kunterbunte Rohkostplatte garantiert alle Blicke auf sich!

4 PORTIONEN

Für die Rohkostplatte:

100 g Trauben, rot

150 g Kirschtomaten

2 Karotten

1 Snackgurke

10 Grissinistangen

1 Staudensellerie

Für den Hummus:

1 Dose Kichererbsen, à 265 g

1 Zitrone, Saft

2 Knoblauchzehen

100 g Tahinipaste

80 ml Wasser, kalt

Salz

2 Pr. Just Spices Hummus Topping

Die Trauben und die Tomaten waschen. Die Karotten schälen, halbieren und vierteln. Die Gurke waschen, beide Enden abschneiden und in feine Scheiben schneiden. Den Staudensellerie waschen und in Stifte schneiden.

Die Kichererbsen durch ein Sieb abgießen. Dabei 50 ml der Flüssigkeit auffangen und ein paar Kichererbsen als Deko aufbewahren. Alles beiseitestellen.

Die Zitrone halbieren und den Saft auspressen. Den Knoblauch schälen. Den Zitronensaft mit dem Knoblauch, 2 Prisen Salz und den Kichererbsen in einen Standmixer geben und fein pürieren.

Die Tahinipaste mit in den Standmixer geben und noch einmal alles fein pürieren. Langsam das kalte Wasser und die Kichererbsenflüssigkeit bei laufendem Mixer zugießen, bis eine helle, fluffige Masse entsteht.

Mit 1 Prise Salz abschmecken. Sollte der Hummus zu dick geraten sein, noch etwas kaltes Wasser untermixen. Den Hummus in eine kleine Schale füllen und mit dem Hummus Topping und den übrigen Kichererbsen garnieren.

Die Grissinistangen in kleine Stücke brechen und mit den restlichen Zutaten auf einem Teller anrichten. Den Hummus in die Mitte stellen.

NÄHR-WERTE	KALORIEN	KH	DAVON ZUCKER	PROTEINE	FETT	DAVON GF	SALZ
pro Port.	246 kcal	21 g	8,7 g	7,6 g	14 g	2,0 g	0,57 g

PASTA, GNOCCHI, REIS & CO.

Psst! Diese Gnocchi-Pfanne ist ein
echter Geheimtipp.

Fusilli mit rotem Pesto

aus getrockneten Tomaten und Cashewkernen

Nichts geht über ein frisches, selbst gemachtes Pesto. Dieses fruchtig-nussige Grundrezept ist in nur wenigen Minuten gezaubert und macht aus einer einfachen Portion Pasta ein großartiges Gericht, das nach Sommer, Sonne und Italien schmeckt.

2 PORTIONEN

250 g Fusilli
180 g getrocknete Tomaten, in Öl
1 Knoblauchzehe
50 g Cashewkerne, geröstet
3 EL Olivenöl
4 Pr. Just Spices Roter Pesto Mix

In einem Topf reichlich Salzwasser zum Kochen bringen, die Fusilli nach Packungsanleitung al dente kochen, abgießen und dabei 150 ml Kochwasser auffangen.

Die getrockneten Tomaten mit dem Öl in ein hohes Gefäß geben. Den Knoblauch schälen und mit den Cashewkernen und dem Olivenöl zu den getrockneten Tomaten geben. Den Roten Pesto Mix hinzufügen und mit einem Pürierstab fein mixen.

Das Pesto zusammen mit dem Nudelwasser in eine Pfanne geben und zum Kochen bringen. Die Fusilli hinzufügen, gründlich vermengen und 2 Minuten köcheln lassen.

Tipp: Je nach Belieben kannst Du die Fusilli mit frisch geriebenem Parmesan servieren.

NÄHR-WERTE	KALORIEN	KH	DAVON ZUCKER	PROTEINE	FETT	DAVON GF	SALZ
pro Port.	413 kcal	49 g	4,3 g	11 g	19 g	2,9 g	1,0 g

ROTER
PESTO
MIX

AGLIO E OLIO GEWÜRZ
JUST SPICES

Gnocchi-Pfanne

mit Champignons

Wenn Du zu Gnocchi aus dem Kühlregal greifst, kann dieses leckere Wohlfühlgericht mit Champignons in weniger als 15 Minuten auf Deinem Tisch stehen. Halt Dich gut fest, denn schon gleich katapultieren wir Dich in den Kartoffelklößchen-Himmel!

2 PORTIONEN

250 g Champignons, braun
1 Zwiebel, rot
1 EL Butter
500 g Gnocchi, Kühlregal
Salz
3 Pr. Just Spices Aglio e Olio Gewürz

Die Champignons putzen und vierteln. Die Zwiebel schälen, halbieren und in dünne Streifen schneiden.

Die Butter in einer Pfanne erhitzen und die Gnocchi 4 Minuten bei mittlerer Hitze braten. Die Champignons und Zwiebeln hinzugeben und weitere 4 Minuten braten.

Mit 3 Prisen Salz und dem Aglio e Olio Gewürz würzen.

NÄHR-WERTE	KALORIEN	KH	DAVON ZUCKER	PROTEINE	FETT	DAVON GF	SALZ
pro Port.	492 kcal	89 g	5,7 g	16 g	7 g	3,7 g	4,5 g

One-Pot-Gnocchi

mit Spinat

Wir lieben One-Pot-Gerichte einfach! Diese Variation mit Gnocchi und frischem Blattspinat überzeugt vor allem in puncto Cremigkeit und kocht sich zudem in nur 15 Minuten fast von allein. Klingt nach Deinem neuen Lieblingsrezept? Na, dann mal los!

2 PORTIONEN

2 Knoblauchzehen
1 Zwiebel
150 g junger Blattspinat
3 EL Olivenöl
400 g Gnocchi, Kühlregal
150 ml Wasser
250 g Kochsahne
1 EL Balsamicoessig, hell
50 g Parmesan, gerieben
4 Pr. Just Spices Pasta Allrounder

Den Knoblauch schälen und fein hacken. Die Zwiebel schälen, halbieren und fein würfeln. Den Spinat waschen und trocken schleudern.

Das Olivenöl in einer Pfanne erhitzen und die Gnocchi bei mittlerer Hitze 4 Minuten anbraten. Den Knoblauch und die Zwiebeln hinzugeben und 1 Minute mitbraten. Mit dem Pasta Allrounder würzen. Dann mit dem Wasser, der Kochsahne und dem Balsamicoessig ablöschen und 3 Minuten köcheln lassen.

Den Spinat und Parmesan in die Pfanne geben und 2 Minuten kochen lassen.

Anschließend gründlich vermengen und servieren.

NÄHR-WERTE	KALORIEN	KH	DAVON ZUCKER	PROTEINE	FETT	DAVON GF	SALZ
pro Port.	850 kcal	78 g	13 g	22 g	49 g	21 g	3,2 g

PASTA
ALLROUNDER

HACKFLEISCH
GEWÜRZ

One-Pot-Pasta

mit Hackfleisch

Dieses One-Pot-Gericht ist super einfach in der Zubereitung, aber ganz groß im Geschmack. Mittags oder abends, für die Familie oder allein: Der deftige Sattmacher hat definitiv das Zeug zum neuen Lieblingsgericht.

4 PORTIONEN

1 Paprika, rot
1 Zwiebel
2 EL Olivenöl
250 g Hackfleisch
2 EL Tomatenmark
3 EL süßer Senf
100 ml Sojasoße
50 ml Balsamicoessig, dunkel
1000 ml Wasser
300 g Cornetti (Hörnchennudeln)
250 g Schmand
Salz
2 Pr. Just Spices Hackfleisch Gewürz

Die Paprika waschen, halbieren, entkernen und mit einem Messer die weißen Fasern entfernen. Anschließend in ca. 0,5 × 0,5 cm große Würfel schneiden.

Die Zwiebel schälen, halbieren und fein würfeln.

In einem breiten Topf das Olivenöl erhitzen, die Zwiebeln und das Hackfleisch hinzugeben und bei starker Hitze 2 Minuten scharf anbraten.

Die geschnittene Paprika, das Tomatenmark und den Senf hinzugeben und 1 Minute unter Rühren braten. Mit der Sojasoße und dem Balsamicoessig ablöschen.

Mit dem Wasser auffüllen, zum Kochen bringen und die Cornetti sowie das Hackfleisch Gewürz hinzugeben. Alles ca. 8 Minuten köcheln lassen, bis die Nudeln gar sind. Die Pfanne vom Herd nehmen, den Schmand einrühren und mit 2 Prisen Salz abschmecken.

NÄHR-WERTE	KALORIEN	KH	DAVON ZUCKER	PROTEINE	FETT	DAVON GF	SALZ
pro Port.	710 kcal	65 g	12 g	25 g	38 g	17 g	2,9 g

Schnelle Aglio e Olio

e Peperoncini

Aglio e Olio – das A und O der Pastagerichte, und dazu noch das einfachste. Dahinter verbirgt sich ganz simpel Spaghetti mit Knoblauch und Öl. Ein echter Klassiker der italienischen Küche und einfach lecker. E Peperoncini? Diese Variante sorgt dank der Schärfe der Chili für ordentlich Feuer am Gaumen! Mit frischen Tomaten und etwas Schnittlauch abgeschmeckt ist das Essen im Nu angerichtet.

2 PORTIONEN

250 g Spaghetti
3 Knoblauchzehen
1 Chilischote
250 g Kirschtomaten
1 Bund Schnittlauch
4 EL Olivenöl
Salz
2 Pr. Just Spices Aglio e Olio Gewürz

In einem Topf reichlich Salzwasser zum Kochen bringen, die Spaghetti nach Packungsanleitung al dente kochen und abgießen. Dabei 250 ml Kochwasser aufbewahren.

Den Knoblauch schälen und fein hacken. Die Chili waschen, der Länge nach halbieren, bei Bedarf von den Kernen und Scheidewänden befreien und ebenfalls fein hacken. Die Tomaten waschen und halbieren. Den Schnittlauch waschen, trocken tupfen und in feine Ringe schneiden.

Das Olivenöl in einer Pfanne erhitzen. Den Knoblauch und die Chili bei mittlerer Hitze 2 Minuten braten. Die Tomaten und das Aglio e Olio Gewürz mit in die Pfanne geben und 1 Minute braten. Die Spaghetti und das Nudelwasser hinzugeben und gut vermengen.

Den Schnittlauch unterheben und mit 2 Prisen Salz abschmecken.

NÄHR-WERTE	KALORIEN	KH	DAVON ZUCKER	PROTEINE	FETT	DAVON GF	SALZ
pro Port.	733 kcal	97 g	4,9 g	18 g	30 g	4,3 g	0,78 g

Gebratene-Spätzle-Pfanne

mit Feta

Traditionell gekochte Spätzle könnte man als die Grundlage der schwäbischen Küche bezeichnen. In diesem Rezept werden die gekochten Eierteigwaren nicht wie üblich zum sonntäglichen Braten oder zu dunklen Linsen serviert, sondern mit frischen Tomaten, knackigem Lauch und cremigem Feta garniert. Eine völlig neue Variante für einen echten Klassiker!

4 PORTIONEN

1 EL Butter
400 g Spätzle, Kühlregal
1 Stange Lauch
250 g Kirschtomaten
200 g Feta
3 Pr. Just Spices Raclette Gewürz

Die Butter in einer Pfanne erhitzen und die Spätzle bei mittlerer Hitze 5 Minuten anbraten.

Den Lauch halbieren, waschen und in dünne Streifen schneiden. Die Tomaten waschen und halbieren. Beides zu den Spätzle geben und weitere 5 Minuten braten. Mit dem Raclette Gewürz würzen.

Den Feta in kleine Würfel schneiden. Die Spätzlepfanne mit den Fetawürfeln garnieren.

NÄHR-WERTE	KALORIEN	KH	DAVON ZUCKER	PROTEINE	FETT	DAVON GF	SALZ
pro Port.	351 kcal	31 g	3,6 g	15 g	18 g	10 g	2,8 g

Couscous

mit Tomaten und würzigem Dip

In Nordafrika, der Heimat des Couscous, gehören die kleinen Kügelchen aus Hartweizengrieß zu beinahe jedem Gericht. Auch hierzulande erfreuen sie sich immer größerer Beliebtheit. In diesem Rezept glänzt der Couscous zwischen frischen Tomaten und einem cremigen Dressing, das für einen unwiderstehlichen Geschmack sorgt.

2 PORTIONEN

Für den Couscous:

150 g Couscous

1 EL Olivenöl

200 g Tomaten, nach Wahl

Salz

1 Pr. Just Spices Hot Garlic & Onion Dip

Für das Dressing:

125 g Schmand

1 EL Olivenöl

1 TL Balsamicoessig, hell

2 Pr. Just Spices Hot Garlic & Onion Dip

Den Couscous nach Packungsanleitung zubereiten. Mit dem Olivenöl, 1 Prise Salz und dem Hot Garlic & Onion Dip verrühren und abkühlen lassen.

Für das Dressing den Schmand mit dem Olivenöl und dem Balsamicoessig in einer kleinen Schüssel verrühren und mit dem Hot Garlic & Onion Dip abschmecken.

Die Tomaten waschen, ggf. den Strunk entfernen und in mundgerechte Stücke schneiden.

Den Couscous auf 2 Schüsseln aufteilen, mit den Tomaten und dem Dressing garnieren.

NÄHR-WERTE	KALORIEN	KH	DAVON ZUCKER	PROTEINE	FETT	DAVON GF	SALZ
pro Port.	535 kcal	58 g	6,6 g	12 g	28 g	9,9 g	0,61 g

HOT GARLIC
& ONION
DIP
JUST SPICES

BRAT
KARTOFFEL
GEWÜRZ

One-Pot-Couscous

mit Kichererbsen

Dieses One-Pot-Rezept ist perfekt für die Mittagspause oder wenn's mal schnell gehen muss: In einem einzigen Topf zauberst Du in wenigen Minuten ein frisches und leckeres Gericht, das Dich durch die enthaltenen Ballaststoffe super lange satt hält – und das ganz ohne großes Abspül-Drama!

2 PORTIONEN

1 Zucchini
1 Apfel, grün
1 Dose Kichererbsen, à 400 g
4 EL Olivenöl
250 ml Wasser
70 g Couscous
150 g Kirschtomaten
2 Stangen Frühlingslauch
1 EL Balsamicoessig, hell
Salz
4 Pr. Just Spices Bratkartoffel Gewürz

Die Zucchini waschen, beide Enden abschneiden, längs vierteln und das Kerngehäuse entfernen. Anschließend in ca. 0,5 × 0,5 cm große Würfel schneiden. Den Apfel schälen, vierteln, entkernen und ebenfalls in ca. 0,5 × 0,5 cm große Würfel schneiden.

Die Kichererbsen durch ein Sieb abgießen, abbrausen und abtropfen lassen.

In einer Pfanne 2 EL Olivenöl erhitzen und die Zucchini- und Apfelwürfel bei mittlerer Hitze 2 Minuten braten. Die Kichererbsen hinzugeben und 1 Minute mitbraten. Mit dem Wasser ablöschen, den Couscous und das Bratkartoffel Gewürz hinzugeben und bei leichter Hitze 5 Minuten köcheln lassen.

In der Zwischenzeit die Tomaten waschen und vierteln. Den Frühlingslauch waschen, putzen und in feine Ringe schneiden. Beides mit in die Pfanne geben, mit 2 Prisen Salz, dem Balsamicoessig und 2 EL Olivenöl abschmecken.

NÄHR-WERTE	KALORIEN	KH	DAVON ZUCKER	PROTEINE	FETT	DAVON GF	SALZ
pro Port.	597 kcal	60 g	13 g	15 g	33 g	5,0 g	3,2 g

SÜSSES & SNACKS

Jetzt machst Du Deine
Lieblingschips selbst.

Himbeer-Energyballs

mit Datteln

Kleiner Energy Boost gefällig? Die Basis dieses Powersnacks bilden Datteln und Haferflocken. Verfeinert wird das Ganze durch den Geschmack samtig-fruchtiger Himbeeren und knackig-exotischer Kokosraspeln. Unser Tipp: Die himmlisch süßen Energiekugeln eignen sich hübsch eingepackt auch hervorragend als Geschenk für Deine Liebsten!

CA. 20 STÜCK

100 g Himbeeren, tiefgekühlt oder frisch
50 g Kokosraspeln
150 g Datteln, entsteint
100 g Haferflocken, zart
2 Pr. Just Spices Blueberry Oatmeal Spice

Die Himbeeren in eine Schüssel geben. Bei tiefgekühlten Beeren bis zur weiteren Verwendung in einem Sieb auftauen lassen. Die Kokosraspeln in eine kleine Schüssel geben und beiseitestellen.

Die Datteln in einen Standmixer geben und 2 Minuten zu einer feinen Paste mixen. Die Himbeeren, Haferflocken und das Blueberry Oatmeal Spice dazugeben und 2 Minuten fein mixen.

Mit angefeuchteten Händen kleine Kugeln formen und in den Kokosraspeln wälzen.

Im Kühlschrank halten diese Kugeln luftdicht verschlossen ca. 4–5 Tage.

NÄHR-WERTE	KALORIEN	KH	DAVON ZUCKER	PROTEINE	FETT	DAVON GF	SALZ
pro Stk.	58 kcal	8,3 g	5,3 g	1,1 g	2,1 g	1,7 g	< 0,01 g

BLUEBERRY OATMEAL SPICE

Energyballs

mit Haselnüssen und Datteln

Heißhunger auf Süßes? Unser veganes Energyball-Duo aus Nüssen, Datteln und Chiasamen stillt garantiert Deine Gelüste! Luftdicht verschlossen halten sich die kleinen Leckerbissen im Kühlschrank etwa vier bis fünf Tage. Aber keine Sorge, sie sind schneller weg, als Du schauen kannst.

CA. 15 STÜCK

Für die Energyballs:

50 g Haselnusskerne

150 g Datteln

1 TL Chiasamen

1 EL Ahornsirup

1 TL Just Spices Schoko Bananen Oatmeal Spice

Für die Ummantelung:

1 EL Amaranth, gepufft

1 EL Mandeln, gemahlen

1 EL Kakaopulver

Alle Zutaten für die Energyballs in einen Standmixer geben und zu einer leicht klebrigen Masse mixen. Aus der Masse mit angefeuchteten Händen ca. 15 kleine Kugeln formen.

In einer kleinen Schüssel Amaranth und Mandeln vermengen und in einer anderen Schüssel das Kakaopulver bereitstellen.

Jeweils die Hälfte der Kugeln in jeder Schüssel panieren.

NÄHR-WERTE	KALORIEN	KH	DAVON ZUCKER	PROTEINE	FETT	DAVON GF	SALZ
pro Stk.	60 kcal	7,5 g	7,3 g	1,2 g	2,7 g	0,3 g	< 0,01 g

Schoko-Bananen-Oatmeal

mit Kirschen

Immer nur Haferbrei ist langweilig? Nicht mit uns! Verfeinert mit cremiger Tahinipaste, bekrönt von aromatischen Kirschen und knackigen Schokostückchen, verpasst Du Deinem Oatmeal ein herrliches Upgrade.

2 PORTIONEN

Für das Topping:

2 EL Mandeln, gehobelt

1 Banane

400 g Kirschen

2 EL Tahinipaste

25 g Schokolade, zartbitter

2 EL Amaranth, gepufft

Für das Oatmeal:

600 ml Hafermilch

120 g Haferflocken, kernig

2 EL Agavendicksaft

4 Pr. Just Spices Schoko Bananen Oatmeal Spice

Die gehobelten Mandeln in einer Pfanne ohne Fett bei mittlerer Hitze goldbraun rösten. Dabei gelegentlich umrühren, damit nichts anbrennt.

Die Hafermilch in einem Topf erhitzen, die Haferflocken, den Agavendicksaft und das Schoko Bananen Oatmeal Spice hinzugeben und aufkochen lassen. Das Oatmeal beiseitestellen und ohne Hitze quellen lassen.

Die Banane schälen, halbieren und längs dritteln. Die Kirschen waschen, entkernen und halbieren. Die Tahinipaste in einer kleinen Schüssel glatt rühren und die Schokolade grob hacken.

Das Oatmeal auf 2 Schüsseln verteilen, mit den Bananen, Kirschen und den restlichen Toppings garnieren.

Tipp: Wenn gerade keine Kirschsaison ist, kannst Du auch auf tiefgekühlte Kirschen oder auf Kirschen aus dem Glas zurückgreifen.

NÄHR-WERTE	KALORIEN	KH	DAVON ZUCKER	PROTEINE	FETT	DAVON GF	SALZ
pro Port.	897 kcal	120 g	62 g	26 g	33 g	6,1 g	0,09 g

SCHOKO
BANANEN
OATMEAL SPICE

Porridge

mit Himbeeren und Apfel

Was gibt es Schöneres, als an kühlen Wintertagen mit einem wärmenden Porridge in den Tag zu starten? Der Super-Sattmacher überzeugt nicht nur in puncto Nährstoffe, sondern bietet auch eine grandiose Variantenvielfalt. Sind die Himbeeren mal aus, kannst Du diese durch jegliches (Beeren-)Obst ersetzen und genießen!

2 PORTIONEN

1 Apfel, klein
100 g Haferflocken, zart
400 ml Hafermilch
200 g Himbeeren
1 EL Wasser
1 EL Chiasamen
2 Pr. Just Spices Berry Yoghurt Spice

Den Apfel waschen, vierteln und entkernen. Anschließend in feine Würfel schneiden.

Die Haferflocken mit der Hafermilch in einen Topf geben und unter Rühren zum Kochen bringen. Bei kleiner Hitze ca. 6 Minuten quellen lassen.

Die Himbeeren vorsichtig waschen. Die Hälfte der Himbeeren mit dem Wasser in ein hohes Gefäß geben. Das Berry Yoghurt Spice hinzufügen und mit einem Pürierstab fein mixen.

Die restlichen Beeren zu dem Püree geben. Das Porridge auf 2 Schüsseln verteilen, mit den Beeren, den Apfelwürfeln und den Chiasamen garnieren.

Tipp: Du kannst auch tiefgekühlte Himbeeren nehmen. Diese einfach vor der Zubereitung auftauen lassen.

NÄHR-WERTE	KALORIEN	KH	DAVON ZUCKER	PROTEINE	FETT	DAVON GF	SALZ
pro Port.	363 kcal	56 g	18 g	10 g	8,8 g	1,1 g	0,01 g

Schoko-Oatmeal

mit Banane und Erdnussmus

Schoki am Morgen vertreibt Kummer und Sorgen! Genau deshalb präsentieren wir Dir einen Hafertraum, voll mit leckeren und sättigenden Zutaten, der den Begriff Cremigkeit auf ein neues Level bringt.

2 PORTIONEN

Für das Oatmeal:

400 ml Reismilch oder Pflanzenmilch nach Wahl

15 g Schokoladenraspel, zartbitter

1 EL Erdnussmus

100 g Haferflocken, kernig

4 Pr. Just Spices Oatmeal Spice

Für das Topping:

1 Banane, klein

2 EL Granola, Grundrezept S. 274 oder gekauftes

15 g Schokoladenraspel, zartbitter

1 EL Erdnussmus

Für das Oatmeal die Reismilch in einem Topf aufkochen lassen, die Schokolade und das Erdnussmus dazugeben und gründlich verrühren.

Die Haferflocken hinzufügen, bei kleiner Hitze 5 Minuten köcheln lassen und mit dem Oatmeal Spice würzen.

Die Banane schälen und in Scheiben schneiden. Das Oatmeal in 2 Schüsseln anrichten und mit der Banane und den restlichen Toppings garnieren.

NÄHR-WERTE	KALORIEN	KH	DAVON ZUCKER	PROTEINE	FETT	DAVON GF	SALZ
pro Port.	777 kcal	77 g	26 g	26 g	40 g	8,6 g	0,1 g

OATMEAL
SPICE

Schoko-Shake

mit Banane

Schokolade und Banane sind ein unbestrittenes Traumpaar. Geshaked mit einer ordentlichen Portion Eiscreme und karamelligem Knusper-Topping sorgt diese süße Verführung für eine leckere Erfrischung an warmen Tagen.

2 PORTIONEN

Für den Shake:

7 EL Kakaopulver

300 ml Hafermilch

2 Bananen

200 ml Eiscreme nach Wahl (z. B. Vanille)

2 TL Just Spices Schoko Bananen Oatmeal Spice

Für das Topping:

2 EL Amaranth, gepufft

2 EL Sprühsahne

2 EL Schokolade, gehackt

2 EL Krokant

2 EL Karamellsoße

In einer kleinen Schüssel das Kakaopulver mit 100 ml Hafermilch zu einer Schokosoße verrühren.

Die Bananen schälen, in grobe Stücke schneiden und mit der Eiscreme, der restlichen Hafermilch und dem Schoko Bananen Oatmeal Spice in einem Standmixer cremig mixen.

Jeweils 2 EL der Schokosoße in 2 Gläser füllen. Dabei die Gläser etwas schräg halten und drehen, sodass ein Muster am Glasrand entsteht.

Die Bananenmilch in die Gläser füllen und mit der restlichen Schokosoße und den Toppings garnieren.

NÄHR-WERTE	KALORIEN	KH	DAVON ZUCKER	PROTEINE	FETT	DAVON GF	SALZ
pro Port.	787 kcal	83 g	73 g	14 g	44 g	24 g	0,37 g

Zweierlei Käse-Chips

aus dem Ofen

Mit drei Zutaten zum Käseglück? Richtig gelesen! Was Du hier an Zutaten sparst, bekommst Du dank unserer ultimativen Gewürzmischungen an Geschmack doppelt zurück. Unser Geheimtipp: Die Chips sind nicht nur ein leckerer Snack für den Fernsehabend, sondern eignen sich auch hervorragend als crispy Topping auf Deinem Cremesüppchen.

2 PORTIONEN

200 g Gouda, gerieben
2 Pr. Just Spices Italienisches Hähnchen Gewürz
2 Pr. Just Spices Raclette Gewürz

Den Backofen auf 200 °C (Ober-/Unterhitze) vorheizen.

Den Gouda auf zwei Schüsseln verteilen. Die eine Hälfte mit dem Italienischen Hähnchen Gewürz vermengen. Die andere Hälfte mit dem Raclette Gewürz vermengen.

Auf ein mit Backpapier ausgelegtes Backblech ca. 25 kleine Häufchen mit dem Käse formen und 8 Minuten in den Ofen geben.

Aus dem Ofen nehmen und abkühlen lassen.

NÄHR-WERTE	KALORIEN	KH	DAVON ZUCKER	PROTEINE	FETT	DAVON GF	SALZ
pro Port.	372 kcal	1,0 g	0,8 g	22 g	31 g	21 g	3,7 g

RACLETTE GEWÜRZ
JUST SPICES

WASCHEN, SCHNEIDEN – SAMMELN! LEBENSMITTEL RICHTIG VERARBEITEN

Du schnibbelst bei jeder Kochaktion einfach drauflos und schmeißt Gemüsereste noch in den Müll? Dann ist dieses Kapitel genau das Richtige für Dich! Hier lernst Du, wie Du das Maximum aus Deinen Lebensmitteln herausholst und was Du beim Schneiden beachten musst.

VORBEREITUNG: RICHTIG WASCHEN

Bevor Du Obst und Gemüse verarbeitest, solltest Du es gründlich waschen. Das gilt für alle Lebensmittel, auch für empfindliche Salate und Beeren. Der Grund: Auf einigen Produkten befindet sich Schmutz, aber auch Keime und Pestizide können sich dort festsetzen. Natürlich gibt es auch da die feinen Unterschiede bei der perfekten Vorbereitung. Hier eine Übersicht:

Waschen unter lauwarmem Wasser: Obst- und Gemüsesorten, die eher robust und fest sind, kannst Du perfekt unter lauwarmem Wasser abspülen. Hierzu zählen unter anderem Äpfel, Birnen, Kirschen, Weintrauben, Tomaten, Gurken, Paprika und Karotten. Um ganz auf Nummer sicher zu gehen, kannst Du die Lebensmittel noch mit einem sauberen Tuch abwischen.

Waschen im kalten Wasserbad: Empfindliche Obst- und Gemüsesorten wie Beeren, Sprossen oder feine Salate können bei zu grobem Waschen beschädigt werden. Deshalb solltest Du sie ausschließlich durch ein kaltes Wasserbad schwenken und nach dem Waschen vorsichtig abtupfen.

Putzen mit einer Gemüsebürste: Besonders Pilze saugen sich schnell mit Wasser voll und sind deshalb nicht fürs Abwaschen gemacht. Befreie die Pilze mit einer Gemüsebürste gründlich von Schmutz und Erde. Solltest Du mal keine Gemüsebürste zur Hand haben, eignet sich auch ein Tuch, mit dem Du die Pilze vorsichtig abwischen kannst.

UND ACTION: DER PERFEKTE SCHNITT

Bevor wir mit dem Crashkurs fürs schnelle Schneiden starten, werfen wir einen kurzen Blick auf Dein Equipment. Denn hier verstecken sich kleine Zeitfresser, die Dir ab jetzt keine Sorgen mehr bereiten sollen:

Brettchen bereit?

Achte darauf, dass Dein Schneidebrett nicht auf Deiner Arbeitsplatte hin und her rutscht. Das kostet Zeit und ist bei scharfen Messern auch nicht ungefährlich. Wenn Dein Brettchen keine Noppen an der Unterseite hat, kannst Du auch ein feuchtes Tuch unterlegen. Das verhindert das lästige Rutschen ebenfalls. Auch flache Einmachgummis oder zugeschnittene Anti-Rutsch-Matten eignen sich als Sicherung.

Schneide auf Holz

Generell solltest Du fürs Schnibbeln ein Holzbrett verwenden. Das schont Deine Messer und sorgt dafür, dass sie länger scharf bleiben. Wo wir schon mal beim Thema sind …

Messer gewetzt?

Natürlich lässt es sich mit einem perfekt geschärften Messer leichter und vor allem deutlich schneller arbeiten. Am besten geht das Schärfen mit einem Schleifstein oder einem Messerschärfer.

EINE FRAGE DER TECHNIK – RICHTIG SCHNEIDEN

Damit Du beim Schneiden auf lange Sicht wertvolle Minuten sparen kannst, solltest Du ein wenig an Deiner Technik feilen. Die einfachste und schnellste Schneidetechnik ist das Wiegen auf dem Schneidebrett mit dem sogenannten Krallengriff. Wir erklären Dir kurz und knackig, wie Du ihn richtig anwendest:

1. Halte das Messer in einer Hand, lege die andere Hand an das Schnittgut.

2. Stelle Deine Fingerkuppen auf und ziehe sie leicht nach hinten (wie eine Kralle).

3. Verstecke den Daumen und den kleinen Finger ein wenig hinter Zeige-, Mittel und Ringfinger. Für noch mehr Sicherheit können die Knöchel der drei führenden Finger die Messerklinge stützen.

4. Wiege das Messer in Wellenbewegungen über das Schneidebrett und zerteile so das Schnittgut.

5. Führe Deine Hand am Schnittgut langsam nach hinten, so kannst Du alles in einem fließenden Ablauf zerschneiden.

Du möchtest den Krallengriff lieber per Video lernen? Dann scanne diesen QR-Code mit Deinem Smartphone. So gelangst Du zu einem einfachen Erklärvideo, in dem wir Dir den Krallengriff und den Wiegeschnitt noch einmal ganz in Ruhe vorstellen. Du kannst die Technik besser verinnerlichen und ab sofort wertvolle Minuten beim Schnibbeln sparen.

NACHSORGE: RESTE EINFRIEREN

Wusstest Du, dass die Schale oder der Strunk Deiner Gemüsekomponenten viel zu schade sind, um im Müll zu landen? Mit ein wenig Planung kannst Du eine wunderbare Brühe daraus zaubern. So einfach geht's:

1. Sammle Karottenschalen, Petersilienstängel, Zwiebel- und sonstige Gemüsereste beim Kochen in einem Gefrierbeutel und friere alles zusammen ein.

2. Wiederhole diesen Vorgang drei- bis viermal und fülle Deine Gemüsebasis so nach und nach auf.

3. Wenn der Gefrierbeutel voll ist, gib das gefrorene Gemüse in einen Topf und fülle diesen mit kaltem Wasser auf.

4. Das Wasser mit dem Gemüse einmal aufkochen, dann etwa eine Stunde leicht köcheln lassen.

5. Gieße den Inhalt des Topfes durch ein feines Sieb.

6. Verfeinere die Brühe mit Zutaten Deiner Wahl – fertig!

Tipp: Wenn Du eine schnellere Brühe kochen willst, kannst Du auch unsere Gemüsebrühe ohne Zucker verwenden.

So funktioniert Zero Waste in seiner leckersten Form! Jetzt haben wir aber keine Zeit und keine Gemüsereste mehr zu verlieren – weiter geht's mit unseren Rezepten.

*enthält von Natur aus Zucker

STULLEN, SANDWICHES & CO.

Kross, warm und einfach lecker:

Caprese-Stullen aus dem Ofen.

Geröstetes Sandwich

mit Spinat

Sie sind schnell und einfach zubereitet, bieten ein breites Spektrum an Variationen und lassen sich super mitnehmen: Die Rede ist von Sandwiches. Allein bei der Vorstellung, in zwei Scheiben knusprig geröstetes Brot zu beißen und eine Füllung von geschmolzenem Käse, mild-würzigem Parmaschinken und jungem Blattgemüse zu schmecken, läuft uns das Wasser im Munde zusammen

2 PORTIONEN

200 g junger Blattspinat
3 EL Olivenöl
4 Scheiben Sauerteigbrot
1 Laib Mozzarella, à 125 g
2 Scheiben Parmaschinken
Salz, Pfeffer
2 Pr. Just Spices Italian Stullen Spice

Den Spinat waschen und trocken schleudern. In einer großen Pfanne 1 EL Olivenöl erhitzen und den Spinat bei starker Hitze kurz anbraten, bis er zusammenfällt. Mit 2 Prisen Salz und 1 Prise Pfeffer würzen und auf einem Küchenpapier abtropfen lassen.

Den abgetropften Spinat auf 2 Brotscheiben verteilen. Den Mozzarella klein zupfen und auf dem Spinat verteilen.

Jeweils 1 Scheibe Parmaschinken auf den Spinat legen, mit dem Italian Stullen Spice würzen und jeweils eine Scheibe Brot darauflegen.

2 EL Olivenöl in einer Pfanne erhitzen und die Brote bei mittlerer Hitze von jeder Seite ca. 3–4 Minuten anbraten. Dabei die Brote von oben mit einem kleinen Topf beschweren.

NÄHR-WERTE	KALORIEN	KH	DAVON ZUCKER	PROTEINE	FETT	DAVON GF	SALZ
pro Port.	636 kcal	48 g	2,2 g	24 g	38 g	13 g	3,4 g

ITALIAN STULLEN SPICE

Caprese-Stulle

aus dem Ofen

Wenn knusprig rustikales Baguette auf aromatische Caprese trifft: Frisch vom Ofen auf die Hand präsentieren wir Dir das perfekte Feierabendgericht für laue Sommerabende auf dem Balkon.

2 PORTIONEN

2 Baguettes, rustikal

1 Dose stückige Tomaten, à 400 g

2 EL Olivenöl

100 g Mozzarella, gerieben

4 Pr. Just Spices Italian Stullen Spice

Den Backofen auf 190 °C (Umluft mit Grillfunktion) vorheizen.

Die Baguettes waagerecht halbieren. Die stückigen Tomaten in einem Sieb ca. 5 Minuten abtropfen lassen. In eine Schüssel geben und mit dem Olivenöl und dem Italian Stullen Spice würzen.

Die Baguettes mit der Tomatensoße bestreichen und den Mozzarella darüberstreuen.

Die Baguettes auf ein mit Backpapier ausgelegtes Backblech geben und ca. 10 Minuten überbacken.

NÄHR-WERTE	KALORIEN	KH	DAVON ZUCKER	PROTEINE	FETT	DAVON GF	SALZ
pro Port.	931 kcal	134 g	16 g	33 g	28 g	11 g	3,3 g

Gefülltes Fladenbrot

mit mediterranem Gemüse

Allein der Anblick dieses farbenfroh gefüllten Fladenbrots genügt, um uns das Wasser im Munde zusammenlaufen zu lassen. Doch auch der Geschmack überzeugt: Für das besondere mediterrane Aroma sorgen in feinem Olivenöl geschwenktes Gemüse, eine milde Knoblauchsoße und kräftige Gewürze.

4 PORTIONEN

Für das Fladenbrot:

1 Fladenbrot

1 Paprika, rot

1 Zucchini

2 EL Olivenöl

1 Zwiebel, rot

1 Rispentomate

½ Gurke

4 Pr. Just Spices Gemüse Allrounder

Für die Soße:

250 g Joghurt, natur

1 Knoblauchzehe

4 Pr. Just Spices Stullen Spice

Das Fladenbrot nach Packungsangabe zubereiten.

Die Paprika waschen, halbieren, entkernen und mit einem Messer die weißen Fasern entfernen. Anschließend in dünne Streifen schneiden. Die Zucchini waschen, beide Enden abschneiden, vierteln, entkernen und von der kurzen Seite in dünne Streifen schneiden.

Das Olivenöl in einer Pfanne erhitzen und das vorbereitete Gemüse mit dem Gemüse Allrounder würzen und 5 Minuten bei mittlerer Hitze braten.

In der Zwischenzeit die Zwiebel schälen, halbieren und in feine Streifen schneiden. Die Tomate waschen, vierteln und mundgerecht würfeln. Die Gurke waschen, vierteln und in dünne Scheiben schneiden.

Für die Soße den Joghurt in eine Schüssel geben. Den Knoblauch schälen, sehr fein hacken und zum Joghurt geben. Mit dem Stullen Spice würzen und gründlich vermengen.

Das Fladenbrot vierteln, in der Mitte einschneiden, mit dem Joghurt bestreichen und mit dem Gemüse füllen.

NÄHR-WERTE	KALORIEN	KH	DAVON ZUCKER	PROTEINE	FETT	DAVON GF	SALZ
pro Port.	459 kcal	72 g	12 g	15 g	12 g	3,0 g	2,5 g

SALATE, BOWLS & GEMÜSE

Aufgepasst: Hier kommen echte Veggie-Freuden!

Pflücksalat

mit Avocado und Ei

Pflücksalat ist eine Variante des Gartensalats, die sich wunderbar im Balkonkasten oder auf einer hellen Fensterbank pflanzen und regelmäßig ernten lässt. Neben knackig-buntem Gemüse, cremiger Avocado und Eiern machen die grünen Blätter in diesem Sommersalat eine ganz besonders gute Figur.

2 PORTIONEN

Für den Salat:

2 Eier

2 Handvoll Pflücksalat

75 g Kirschtomaten

2 Karotten

2 Avocados

2 Pr. Just Spices Salat Topping

Für das Dressing:

125 g Joghurt, natur

1 EL Olivenöl

1 EL Balsamicoessig, hell

1 Pr. Salz

2 Pr. Just Spices Kräuter Quark Gewürz

In einem Topf reichlich Wasser zum Kochen bringen und die Eier 7 Minuten wachsweich kochen. Mit kaltem Wasser abschrecken und schälen. Anschließend halbieren.

Den Salat waschen und trocken schleudern. Die Tomaten waschen und halbieren. Die Karotten schälen und in feine Streifen schneiden.

Die Avocados mit einem Messer der Länge nach halbieren, aufdrehen, den Kern entfernen und mit einem Esslöffel das Fruchtfleisch aus der Schale lösen.
Die Avocados in feine Scheiben schneiden.

Alle Zutaten für das Dressing in eine kleine Schüssel geben und gründlich verrühren.

Alle Zutaten für den Salat auf 2 Schüsseln verteilen, mit dem Dressing beträufeln und mit jeweils 1 Prise Salat Topping garnieren.

NÄHR-WERTE	KALORIEN	KH	DAVON ZUCKER	PROTEINE	FETT	DAVON GF	SALZ
pro Port.	485 kcal	19 g	19 g	13 g	40 g	9,4 g	0,76 g

SALAT TOPPING
KRÄUTER QUARK GEWÜRZ

100% NATÜRLICHE ZUTATEN
JUST SPICES
DRESSINGS
BIO
FITNESS
DRESSING MIX
OHNE ZUSATZ VON ZUCKER

Power-Salat

mit Brokkoli und Hähnchen

Frische Salate stehen bei uns ganz oben auf dem Speiseplan. Sie sind nicht nur im Handumdrehen zubereitet, sondern versprechen vor allem eines: Abwechslung! Das beweist auch diese Variation, deren Grundlage nicht nur grünes Blattgemüse, sondern vor allem Rohkost und feines Hähnchenbrustfilet ausmacht.

2 PORTIONEN

Für das Dressing:

3 EL Wasser
1 EL Balsamicoessig, hell
3 EL Sonnenblumenöl
1 Tütchen Just Spices Bio Fitness Dressing Mix

Für den Salat:

½ Brokkoli
4 EL Olivenöl
250 ml Wasser
100 g Hähnchenbrustfilet
1 Snackgurke
60 g Kirschtomaten
1 Handvoll Rucola
2 Handvoll junger Blattspinat

In einer großen Schüssel den Dressing Mix mit dem Wasser, dem Balsamicoessig und dem Sonnenblumenöl verrühren, beiseitestellen und ca. 5 Minuten ziehen lassen.

Den Brokkoli waschen und in kleine Röschen schneiden. 2 EL Olivenöl in einer Pfanne erhitzen und den Brokkoli bei mittlerer Hitze 3 Minuten braten. Mit dem Wasser ablöschen und 3 Minuten bei leichter Hitze köcheln lassen. Aus der Pfanne nehmen und zum Dressing in die Schüssel geben.

Die Hähnchenbrust von Haut und Sehnen befreien und in ca. 3 cm breite Streifen schneiden. In der gleichen Pfanne erneut 2 EL Olivenöl erhitzen und die Hähnchenbrust bei starker Hitze unter Rühren 1 Minute anbraten. Den Herd auf leichte Hitze reduzieren und die Hähnchenbruststreifen 5 Minuten garen.

In der Zwischenzeit die Gurke waschen, beide Enden abschneiden und in ca. 0,5 cm breite Streifen schneiden. Die Tomaten waschen und halbieren.

Die Gurke, Tomaten und Hähnchenbruststreifen mit in die Schüssel geben.

Den Rucola zusammen mit dem Spinat waschen, trocken schleudern und ebenfalls in die Schüssel geben. Alles gut vermengen und servieren.

NÄHR-WERTE	KALORIEN	KH	DAVON ZUCKER	PROTEINE	FETT	DAVON GF	SALZ
pro Port.	451 kcal	9,2 g	8,6 g	18 g	38 g	4,7 g	1,3 g

Italienischer Nudelsalat

mit Tomaten und Mozzarella

Du bist auf der Suche nach einem Gericht, das zu absolut jeder Gelegenheit passt? Kein Problem! Dieser schnell zubereitete Nudelsalat nach italienischer Art erfüllt alle Voraussetzungen, um auf gemütlichen Grillabenden oder dem Partybuffet zu punkten, die Lunchbox zu füllen oder ein schnelles Mittagessen zu servieren.

2 PORTIONEN

Für den Salat:

100 g Mini-Penne

120 g Kirschtomaten

20 g Pinienkerne

1 Handvoll Rucola

125 g Mini-Mozzarella

Für das Dressing:

3 EL Wasser

1 EL Balsamicoessig, dunkel

3 EL Sonnenblumenöl

1 Tütchen Just Spices Bio Italienischer Kräuter Dressing Mix

In einem Topf reichlich Salzwasser zum Kochen bringen, die Mini-Penne nach Packungsanleitung al dente kochen und abgießen.

Währenddessen in einer großen Schüssel den Dressing Mix mit dem Wasser, dem Balsamicoessig und dem Sonnenblumenöl verrühren, beiseite stellen und ca. 5 Minuten ziehen lassen.

Die noch heißen Penne zum Dressing geben und gut unterrühren. Die Tomaten waschen und halbieren.

Die Pinienkerne in einer beschichteten Pfanne ohne Fett bei mittlerer Hitze goldgelb anrösten. Dabei gelegentlich umrühren, damit die Kerne nicht verbrennen. Herausnehmen und mit den Tomaten zur Pasta geben.

Den Rucola waschen, trocken schleudern und zusammen mit dem Mini-Mozzarella in die große Schüssel geben. Alles gut miteinander vermengen und servieren.

NÄHR-WERTE	KALORIEN	KH	DAVON ZUCKER	PROTEINE	FETT	DAVON GF	SALZ
pro Port.	627 kcal	42 g	4,4 g	21 g	42 g	12 g	1,3 g

JUST SPICES
DRESSINGS
BIO
100% NATÜRLICHE ZUTATEN
ITALIENISCHER
OHNE ZUSATZ VON ZUCKER

KICHER
ERBSEN
ALLROUNDER

Mexikanische Salat-Bowl

mit Mais und Kidneybohnen

Mexico, olé! Heute füllst Du Deine Schüssel mit würzig-frischem Geschmack: Zu grünem Blattsalat gesellen sich Mais, Kidneybohnen und Zwiebeln. Abgeschmeckt mit einem leichten Dressing und unserem Kichererbsen Allrounder entfalten die Zutaten ganz frei ihre Aromen.

2 PORTIONEN

Für die Bowl:

1 Dose Mais, à 425 g

1 Dose Kidneybohnen, à 425 g

1 Zwiebel, klein, rot

1 EL Olivenöl

2 Handvoll Salat, nach Wahl

350 g Kirschtomaten

Salz

2 Pr. Just Spices Kichererbsen Allrounder

Für das Dressing:

2 EL Olivenöl

2 EL Balsamicoessig, hell

Salz

2 Pr. Just Spices Kichererbsen Allrounder

Den Mais und die Kidneybohnen durch ein Sieb abgießen, abbrausen und abtropfen lassen. Anschließend in eine Schüssel geben.

Die Zwiebel schälen, halbieren und fein würfeln. Ebenfalls in die Schüssel geben und mit dem Olivenöl, dem Kichererbsen Allrounder und 2 Prisen Salz vermengen.

Den Salat waschen und trocken schleudern. Die Tomaten waschen und halbieren.

Für das Dressing das Olivenöl mit dem Balsamicoessig und dem Kichererbsen Allrounder in einer kleinen Schüssel verrühren und mit 1 Prise Salz abschmecken.

Alle Zutaten auf 2 Schüsseln verteilen und das Dressing darübergeben.

NÄHR-WERTE	KALORIEN	KH	DAVON ZUCKER	PROTEINE	FETT	DAVON GF	SALZ
pro Port.	495 kcal	49 g	15 g	19 g	24 g	3,5 g	3,9 g

Burrito-Bowl

mit Avocado

Heute entführen wir Dich in die bunte und fröhliche mexikanische Küche! Statt klassisch in einer Tortilla eingewickelt landen die Zutaten in einer großen Bowl: Eine sättigende Portion Reis, viel frisches Gemüse und eine fruchtig-säuerliche Joghurtzubereitung laden zu einer Geschmacksreise ein.

2 PORTIONEN

Für die Bowl:

70 g Langkornreis
2 Fleischtomaten
1 Zwiebel, klein, rot
1 Avocado
2 Handvoll junger Blattspinat
2 Pr. Just Spices Avocado Topping

Für den Joghurt:

½ Bund Koriander
1 Limette, klein, Saft
75 g Sojajoghurt
Salz

Den Reis in ein Sieb geben und unter fließendem Wasser gründlich abspülen. Den Reis in einem Topf nach Packungsanleitung kochen und beiseitestellen.

Die Tomaten waschen, vom Strunk befreien, vierteln und grob würfeln. Die Zwiebel schälen, halbieren und fein würfeln.

Die Avocado mit einem Messer der Länge nach halbieren, aufdrehen, den Kern entfernen und mit einem Esslöffel das Fruchtfleisch aus der Schale lösen. Die Avocado in feine Scheiben schneiden. Den Spinat waschen und trocken schleudern.

Für den Joghurt den Koriander waschen, trocken tupfen und in feine Streifen schneiden.

Die Limette halbieren und auspressen. Den Saft mit dem Sojajoghurt in eine kleine Schüssel geben und mit dem Koriander sowie 1 Prise Salz verrühren.

Den Reis auf 2 Schüsseln verteilen, die restlichen Zutaten dazugeben, mit dem Avocado Topping garnieren und mit dem Joghurt servieren.

NÄHR-WERTE	KALORIEN	KH	DAVON ZUCKER	PROTEINE	FETT	DAVON GF	SALZ
pro Port.	335 kcal	40 g	12 g	9,0 g	15 g	3,1 g	1,1 g

AVOCADO
TOPPING

BOWL TOPPING
CURRY DIP MIX

Linsen-Bowl

mit Spinat und Tomaten

Wir lieben Bowls! Und das aus gutem Grund: Durch das Aufeinandertreffen ganz unterschiedlicher Aromen entsteht ein spannendes Geschmacksspektrum. In diesem Gericht sind braune Linsen das Herzstück. Ergänzt durch knackigen Blattspinat, Tomaten und Eier punktet unsere Variation nicht nur mit Farbenvielfalt, sondern auch mit einer guten Portion an Proteinen.

2 PORTIONEN

Für die Bowl:

1 Dose Linsen, à 400 g

1 EL Olivenöl

1 EL Balsamicoessig, dunkel

2 Eier

2 Handvoll junger Blattspinat

150 g Kirschtomaten

Salz

2 Pr. Just Spices Bowl Topping

Für das Dressing:

150 g griechischer Joghurt

3 Pr. Just Spices Curry Dip Mix

Die Linsen durch ein Sieb abgießen und in eine Schüssel geben. Mit dem Olivenöl, dem Balsamicoessig und 1 Prise Salz verrühren. Bis zur weiteren Verwendung beiseitestellen.

In einem Topf reichlich Wasser zum Kochen bringen und die Eier 7 Minuten wachsweich kochen. Mit kaltem Wasser abschrecken und schälen. Anschließend halbieren.

Den Spinat waschen und trocken schleudern. Die Tomaten waschen und halbieren.

Alle Zutaten für die Bowl auf 2 Schüsseln verteilen und mit dem Bowl Topping garnieren.

Den griechischen Joghurt in eine Schüssel geben, mit dem Curry Dip Mix vermengen und mit der Bowl servieren.

NÄHR-WERTE	KALORIEN	KH	DAVON ZUCKER	PROTEINE	FETT	DAVON GF	SALZ
pro Port.	439 kcal	38 g	11 g	25 g	20 g	7,5 g	2,1 g

Bunte Frühstücksbowl

mit Bacon

Mit dieser köstlichen Bowl erweiterst Du Deinen Frühstückshorizont um eine herzhafte Variante, die Dir Power und Energie für den ganzen Tag gibt. Die Freude auf eine bunte und abwechslungsreiche Kreation aus Kartoffeln, frischem Gemüse, knusprigem Bacon und cremigem Feta macht es Dir garantiert leicht, aus dem Bett zu kommen!

2 PORTIONEN

150 g Drillinge
2 EL Olivenöl
2 Eier
100 g Bacon, in Scheiben
150 g Kirschtomaten
1 Avocado
150 g Feta
4 Pr. Just Spices Kräuter Stullen Spice

Den Backofen auf 210 °C (Ober-/Unterhitze) vorheizen.

Die Drillinge waschen, halbieren und in einer Schüssel mit dem Olivenöl und 2 Prisen Kräuter Stullen Spice marinieren. Auf ein mit Backpapier ausgelegtes Backblech geben und 15 Minuten backen.

In der Zwischenzeit in einem Topf reichlich Wasser zum Kochen bringen und die Eier 7 Minuten wachsweich kochen. Mit kaltem Wasser abschrecken und schälen. Anschließend halbieren.

Währenddessen den Bacon in einer Pfanne ohne Fett 4 Minuten bei mittlerer Hitze knusprig ausbacken. Die Tomaten waschen und halbieren. Die Avocado mit einem Messer der Länge nach halbieren, aufdrehen, den Kern entfernen und mit einem Esslöffel das Fruchtfleisch aus der Schale lösen. Die Avocado in feine Scheiben schneiden.

Die gebackenen Drillinge mit den restlichen Zutaten auf 2 Schüsseln verteilen. Den Feta darüberbröseln und mit 2 Prisen Kräuter Stullen Spice garnieren.

NÄHR-WERTE	KALORIEN	KH	DAVON ZUCKER	PROTEINE	FETT	DAVON GF	SALZ
pro Port.	768 kcal	19 g	7,3 g	29 g	64 g	24 g	2,6 g

PASTA, GNOCCHI, REIS & CO.

Nudel Dich glücklich.

Gebratene Gnocchi

mit Tomaten

Dieses Gericht vereint in einer einzigen Pfanne die Aromen des Sommers: Aus knusprig gebratenen Gnocchi, saftigen Tomaten, einem Löffel Crème fraîche und frischem Basilikum entsteht ein schnelles und leichtes Feierabendessen, das zum gemeinsamen Genießen einlädt.

2 PORTIONEN

1 Zwiebel, klein, rot

125 g Kirschtomaten

2 EL Olivenöl

250 g Gnocchi, Kühlregal

100 g Crème fraîche

½ Bund Basilikum

3 Pr. Just Spices Carbonara Gewürz

Die Zwiebel schälen, halbieren und fein würfeln. Die Tomaten waschen und halbieren.

In einer großen Pfanne 1 EL Olivenöl erhitzen, die Gnocchi bei mittlerer Hitze goldbraun anbraten, herausnehmen und beiseitestellen.

In der gleichen Pfanne 1 EL Olivenöl erhitzen, die Zwiebelwürfel bei mittlerer Hitze 2 Minuten glasig anschwitzen und die Tomaten 5 Minuten mitbraten.

Die Crème fraîche dazugeben, mit dem Carbonara Gewürz würzen und cremig einköcheln lassen.

Das Basilikum waschen, trocken tupfen und in feine Streifen schneiden.

Die Gnocchi in die Pfanne geben, durchschwenken und das Basilikum einstreuen.

NÄHR-WERTE	KALORIEN	KH	DAVON ZUCKER	PROTEINE	FETT	DAVON GF	SALZ
pro Port.	474 kcal	47 g	5,7 g	7,0 g	29 g	12 g	1,9 g

CARBONARA GEWÜRZ
JUST SPICES

PASTA
ALLROUNDER

Cremige Pasta

mit Spinat und Kichererbsen

Mach Dich bereit für eine cremige Pasta, die ganz ohne Milchprodukte auskommt: Penne mit frischem Spinat, Champignons, Kichererbsen und einer feinen Soße auf Haferbasis. Dazu ein Glas italienischen Weißweins und der Feierabend kann kommen.

4 PORTIONEN

400 g Penne
1 Zwiebel
1 Knoblauchzehe
250 g Champignons
150 g junger Blattspinat
1 Dose Kichererbsen, à 400 g
2 EL Olivenöl
250 ml Hafersahne
4 Pr. Just Spices Pasta Allrounder

In einem Topf reichlich Salzwasser zum Kochen bringen, die Penne nach Packungsanleitung al dente kochen und abgießen. Dabei 400 ml Kochflüssigkeit aufbewahren.

Die Zwiebel schälen, halbieren und fein würfeln. Den Knoblauch schälen und fein hacken. Die Champignons putzen und vierteln.

Den Spinat waschen und trocken schleudern. Die Kichererbsen durch ein Sieb abgießen, abbrausen und abtropfen lassen.

Das Olivenöl in einer Pfanne erhitzen, die Champignons hinzugeben und bei mittlerer Hitze 4 Minuten braten. Die Zwiebelwürfel und den Knoblauch dazugeben und weitere 2 Minuten mitbraten.

Die Kichererbsen mit in die Pfanne geben und nochmals 2 Minuten braten.

Die Hafersahne, die Penne und das Kochwasser hinzugeben und 2 Minuten köcheln lassen.

Mit dem Pasta Allrounder würzen und den Spinat unterrühren und mitgaren, bis er zerfällt.

NÄHR-WERTE	KALORIEN	KH	DAVON ZUCKER	PROTEINE	FETT	DAVON GF	SALZ
pro Port.	609 kcal	87 g	5,4 g	22 g	18 g	2,3 g	0,62 g

Spaghetti

mit Tomate und Mozzarella

Diese Zutaten dürfen in keiner italienischen Küche fehlen und sind definitiv das Beste, was Deinen Spaghetti passieren kann. Manchmal kann Gutes so einfach sein: Pasta e basta!

4 PORTIONEN

400 g Spaghetti
250 g Kirschtomaten
1 Bund Basilikum
50 g Pinienkerne
3 EL Olivenöl
1 Laib Mozzarella, à 125 g
4 Pr. Just Spices Tomaten Mozzarella Gewürz

In einem Topf reichlich Salzwasser zum Kochen bringen, die Spaghetti nach Packungsanleitung al dente kochen und abgießen. Dabei 200 ml Kochwasser auffangen.

Die Tomaten waschen. Das Basilikum waschen, trocken tupfen und grob schneiden. Die Pinienkerne in einer beschichteten Pfanne ohne Fett bei mittlerer Hitze goldgelb anrösten. Dabei gelegentlich umrühren, damit die Kerne nicht verbrennen.

Das Olivenöl, die Tomaten und das Basilikum mit in die Pfanne geben und vermengen. Mit dem Tomaten Mozzarella Gewürz würzen, die Spaghetti und das Nudelwasser hinzufügen und gründlich vermengen. Den Mozzarella abgießen, grob zerrupfen, zu den Spaghetti geben und kurz unterheben.

NÄHR-WERTE	KALORIEN	KH	DAVON ZUCKER	PROTEINE	FETT	DAVON GF	SALZ
pro Port.	609 kcal	74 g	2,5 g	22 g	25 g	6,9 g	0,77 g

TOMATEN
MOZZARELLA
GEWÜRZ

Gnocchi

mit getrockneten Tomaten und Speck

Wenn Dir mal die Würze im Leben fehlt, dann solltest Du unbedingt dieses Rezept ausprobieren. Das Ensemble aus getrockneten Tomaten und Speck bedient den Geschmackssinn „umami" und macht so aus den kleinen Kartoffelklößchen eine herzhaft intensive Speise, die sich nur schwer in Worte fassen lässt.

2 PORTIONEN

140 g getrocknete Tomaten, in Öl

250 g Gnocchi, Kühlregal

½ Bund Petersilie, glatt

100 g Speckwürfel

100 g Kochsahne

2 Pr. Just Spices Carbonara Gewürz

Die getrockneten Tomaten abtropfen lassen, dabei 2 EL vom Öl auffangen.

In einer großen Pfanne das Tomatenöl erhitzen, die Gnocchi bei mittlerer Hitze 4–5 Minuten goldbraun anbraten, herausnehmen und beiseitestellen.

Die Petersilie waschen, trocken tupfen und in feine Streifen schneiden. Die getrockneten Tomaten ebenfalls in feine Streifen schneiden.

In der gleichen Pfanne die Speckwürfel ohne Fett bei mittlerer Hitze knusprig anbraten. Die Tomatenstreifen dazugeben, mit dem Carbonara Gewürz würzen und einmal durchschwenken.

Die Sahne dazugeben und 3–4 Minuten cremig einkochen lassen.

Die Gnocchi wieder in die Pfanne geben und leicht köcheln lassen.

Die Petersilie unterheben und servieren.

NÄHR-WERTE	KALORIEN	KH	DAVON ZUCKER	PROTEINE	FETT	DAVON GF	SALZ
pro Port.	670 kcal	43 g	4,2 g	14 g	49 g	18 g	2,6 g

Penne Arrabbiata

mit Zucchini

Der würzige Pasta-Klassiker der italienischen Küche ist bekannt für den Geschmack feuriger Chilis und fruchtiger Tomaten und hat es ganz schön in sich! Du gehörst zu den Menschen, für die es einfach nie scharf genug sein kann? Dann schmecke Deine Soße nach Belieben mit noch mehr Chili ab und bringe Deine Geschmacks-nerven auf Hochtouren.

4 PORTIONEN

2 Zucchini
4 EL Olivenöl
400 g Penne
3 Knoblauchzehen
1 Chilischote, klein
1 Dose stückige Tomaten, à 400 g
Salz
4 Pr. Just Spices Italian Allrounder

Den Backofen auf 220 °C (Umluft) vorheizen.

Die Zucchini waschen, beide Enden abschneiden, und in ca. 1 cm breite Scheiben schneiden. In einer Schüssel mit 2 EL Olivenöl und 2 Prisen Italian Allrounder gründlich vermengen.

Die Zucchini auf ein mit Backpapier ausgelegtes Backblech geben und im vorgeheizten Ofen 15 Minuten backen.

In der Zwischenzeit in einem Topf reichlich Salzwasser zum Kochen bringen, die Penne für die Hälfte der auf der Packungsanleitung angegebenen Garzeit kochen und abgießen.

Den Knoblauch schälen und fein hacken. Die Chili waschen, halbieren, nach Bedarf die Kerne entfernen und ebenfalls fein hacken.

In einem breiten Topf 2 EL Olivenöl erhitzen und den Knoblauch und die Chili 4 Minuten bei mittlerer Hitze braten. Mit 2 Prisen Italian Allrounder und 2 Prisen Salz würzen. Mit den stückigen Tomaten auffüllen und 4 Minuten bei mittlerer Hitze köcheln lassen. Die Penne hinzugeben, in der Soße zu Ende garen und zusammen mit den Zucchini servieren.

NÄHR-WERTE	KALORIEN	KH	DAVON ZUCKER	PROTEINE	FETT	DAVON GF	SALZ
pro Port.	525 kcal	79 g	6,5 g	16 g	16 g	2,3 g	0,73 g

Gebratene Asia-Nudeln

mit Hähnchen

Wenn das asiatische Gemüseherz auf die italienische Bandnudel trifft, so entsteht eine unwiderstehliche kulinarische Kreation mit Biss! Mit knusprigem Hähnchenbrustfilet und einer Prise Asia Allrounder on top erfreut das Gericht sowohl Auge als auch Gaumen.

2 PORTIONEN

200 g Pappardelle
125 g Hähnchenbrustfilet
1 Paprika, rot
½ Bund Minze
2 Stangen Frühlingslauch
2 EL Sonnenblumenöl
1 EL Sojasoße
2 Pr. Just Spices Asia Allrounder

In einem Topf reichlich Salzwasser zum Kochen bringen, die Pappardelle nach Packungsanleitung al dente kochen und abgießen.

Das Hähnchenbrustfilet von Haut und Sehnen befreien und in dünne Streifen schneiden. Die Paprika waschen, halbieren, entkernen und mit einem Messer die weißen Fasern entfernen. Anschließend in ca. 0,5 cm breite Streifen schneiden. Die Minze waschen, trocken tupfen, abzupfen und grob schneiden. Den Frühlingslauch waschen, putzen und in ca. 0,5 cm breite Ringe schneiden.

In einer breiten Pfanne 1 EL Sonnenblumenöl erhitzen und die Hähnchenbrust bei starker Hitze 2 Minuten anbraten. Die Paprika hinzufügen und 1 Minute mitbraten. Die Pappardelle, den Asia Allrounder und 1 EL Sonnenblumenöl hinzufügen und weitere 2 Minuten braten. Mit der Sojasoße ablöschen, die Minze und den Frühlingslauch mit in die Pfanne geben und gründlich vermengen.

NÄHR-WERTE	KALORIEN	KH	DAVON ZUCKER	PROTEINE	FETT	DAVON GF	SALZ
pro Port.	607 kcal	80 g	9,4 g	30 g	18 g	2,1 g	0,76 g

FLEISCH, FISCH & EI

Entdecke echte Leckerbissen mit
vielen Proteinen.

Omelett

mit Lachs

Mal keine Lust auf Rührei oder Spiegelei? Dann solltest Du unbedingt unser würzig-pikantes Omelett mit feinem Räucherlachs und etwas Grün on top probieren. In dieser Kombination wird die luftig-leichte Eierspeise zu einer wahren Delikatesse, die Du garantiert lieben wirst.

2 PORTIONEN

150 g Kirschtomaten
2 EL griechischer Joghurt
4 Eier
2 EL Olivenöl
100 g Räucherlachs
1 Schale Kresse
3 Pr. Just Spices Rührei Gewürz

Die Tomaten waschen und halbieren.

Den Joghurt in eine Schüssel geben und mit 1 Prise Rührei Gewürz würzen.

Die Eier in eine Schüssel aufschlagen und mit 2 Prisen Rührei Gewürz gründlich verquirlen. 1 EL Olivenöl in einer Pfanne erhitzen und die Hälfte der Eiermasse in die Pfanne geben. Bei leichter Hitze ca. 3 Minuten stocken lassen, vorsichtig wenden. Aus der Pfanne nehmen und beiseitestellen.

1 EL Olivenöl in der gleichen Pfanne erhitzen und die restliche Eimasse in die Pfanne geben. Bei leichter Hitze ca. 3 Minuten stocken lassen, vorsichtig wenden. Aus der Pfanne nehmen und beide Omeletts mit dem Joghurt bestreichen. Die Tomaten und den Räucherlachs darauf verteilen und zuklappen. Mit der Kresse garnieren.

NÄHR-WERTE	KALORIEN	KH	DAVON ZUCKER	PROTEINE	FETT	DAVON GF	SALZ
pro Port.	399 kcal	5,2 g	5,0 g	25 g	31 g	7,5 g	1,2 g

HÄHNCHEN
GEWÜRZ

Chicken Nuggets

mit Süß-Sauer-Soße

Saftiges Hähnchen ummantelt mit knuspriger Panade: Die Rede ist von Chicken Nuggets! Die kleinen Leckerbissen sind schnell zubereitet und bringen garantiert nicht nur Kinderaugen zum Strahlen.

2 PORTIONEN

50 g Mehl
60 ml Wasser
2,5 EL Speisestärke
1 Eigelb
½ Pck. Backpulver
100 ml Pflanzenöl
2 Hähnchenbrustfilets, à 200 g
80 ml Süß-Sauer-Soße
Salz
2 Pr. Just Spices Hähnchen Gewürz

Das Mehl mit dem Wasser, der Speisestärke, dem Eigelb und dem Backpulver in eine Schüssel geben und gründlich verrühren. Mit 1 Prise Salz und dem Hähnchen Gewürz würzen.

Das Pflanzenöl in einen breiten Topf geben und bei mittlerer Hitze erwärmen.

Die Hähnchenbrustfilets von Haut und Sehnen befreien, in ca. 2 cm große Stücke schneiden und in dem Teig wälzen. Leicht abtropfen lassen und direkt in das heiße Öl geben. 2 Minuten knusprig ausbacken, wenden und noch einmal 2 Minuten backen, herausnehmen und auf einem Küchenpapier abtropfen lassen.

Die Chicken Nuggets zusammen mit der Süß-Sauer-Soße servieren.

Tipp: Pommes eignen sich super als Beilage zu den Chicken Nuggets.

NÄHR-WERTE	KALORIEN	KH	DAVON ZUCKER	PROTEINE	FETT	DAVON GF	SALZ
pro Port.	660 kcal	50 g	14 g	52 g	28 g	3,9 g	3,6 g

Hähnchenbrust

mit Tomate und Mozzarella

Du bist ein echter Geflügel-Fan? Dann teilt sich in Zukunft Hähnchenbrust bei Dir den Teller mit unserer italienischen Lieblingsvorspeise: Insalata Caprese macht sich nämlich auch hervorragend als Belag auf saftigem Hähnchenfleisch.
Ein Ensemble, das Deine Geschmacksknospen verwöhnt.

2 PORTIONEN

2 Hähnchenbrustfilets, à 200 g
4 EL Olivenöl
1 EL Balsamicoessig, dunkel
1 Fleischtomate
1 Laib Mozzarella, à 125 g
1 Bund Basilikum
Salz, Pfeffer
4 Pr. Just Spices Italienisches Nudelsalat Gewürz

Den Backofen auf 180 °C (Umluft) vorheizen.

Die Hähnchenbrust von Haut und Sehnen befreien und mit 2 Prisen Salz und Pfeffer würzen. 1 EL Olivenöl in einer Pfanne erhitzen und die Hähnchenbrust bei starker Hitze von jeder Seite für 2 Minuten braten. Den Balsamicoessig mit dem restlichen Olivenöl und 2 Prisen Italienischem Nudelsalat Gewürz in einer Schüssel verrühren. Die gebratene Hähnchenbrust in der Marinade wälzen und 10 Minuten im Ofen backen.

Die Tomate waschen, vom Strunk befreien und in 4 Scheiben schneiden.
Den Mozzarella ebenfalls in 4 Scheiben schneiden. Die Hähnchenbrust aus dem Ofen nehmen, 2 Minuten ruhen lassen und anschließend mit dem Mozzarella und den Tomaten belegen.

Das Basilikum waschen, trocken tupfen und abzupfen. Die Basilikumblätter über die Hähnchenbrust verteilen und mit jeweils 1 Prise Italienischem Nudelsalat Gewürz toppen.

Tipp: Dazu passt super ein leichter Blattsalat.

NÄHR-WERTE	KALORIEN	KH	DAVON ZUCKER	PROTEINE	FETT	DAVON GF	SALZ
pro Port.	643 kcal	5,6 g	4,2 g	59 g	43 g	13 g	1,5 g

SÜSSES & SNACKS

Erkennst Du den Klassiker? Käse- und Snackplatte mit Kräuterfrische.

Schoko-Bananen-Crêpes

mit Quarkfüllung

Schokolade macht glücklich, da sind wir uns wohl alle einig. In einer hauchdünnen Crêpe wie aus Frankreich, die eine in cremiger Quarkfüllung gewälzte Banane umwickelt, ist dieses Rezept Balsam für die Seele. Lauwarm serviert und garniert mit frischen Beeren – ein Dessert par excellence.

4 PORTIONEN

Für die Crêpes:

50 g Mehl

2 EL Kakaopulver

125 ml Vollmilch

1 Ei

1 EL Butter, flüssig

1 TL Zucker

1 TL Sonnenblumenöl

1 Pr. Salz

4 Pr. Just Spices Bananenbrot Gewürz

Für die Füllung:

2 Bananen, reif

125 g Magerquark

125 g griechischer Joghurt

1 TL Honig

Für das Topping:

125 g Beeren, nach Wahl

50 g Schokodrops

Für die Crêpes das Mehl und das Kakaopulver in eine Schüssel geben und die Milch mithilfe eines Handmixers unterrühren.

Unter Rühren die restlichen Zutaten bis auf das Sonnenblumenöl hinzufügen und zu einem geschmeidigen Teig verarbeiten.

Eine beschichtete Pfanne mit dem Sonnenblumenöl einpinseln und heiß werden lassen. ¼ vom Teig in die Pfanne geben und gleichmäßig verteilen. Bei mittlerer Hitze von jeder Seite ca. 1–2 Minuten backen. Die fertige Crêpe aus der Pfanne auf einen Teller geben und beiseitestellen. Mit dem restlichen Teig ebenso verfahren.

Für die Füllung die Bananen schälen und fein würfeln. Zusammen mit dem Magerquark, dem griechischen Joghurt und dem Honig in eine Schüssel geben und verrühren.

Die Creme auf die Crêpes verteilen und dann zweimal einklappen.

Die Beeren vorsichtig waschen und mit ihnen und den Schokodrops die Crêpes garnieren.

NÄHR-WERTE	KALORIEN	KH	DAVON ZUCKER	PROTEINE	FETT	DAVON GF	SALZ
pro Port.	329 kcal	35 g	24 g	12 g	15 g	7,8 g	0,28 g

BANANEN
BROT
GEWÜRZ

BLUEBERRY
OATMEAL
SPICE

Fluffige Pancakes

mit Blaubeeren und Joghurt

Kaum etwas klingt so sehr nach Wochenende wie das Wort Pancake. Dieses Rezept vergoldet Deine Morgenstund' mit einer Extraportion Fluffigkeit und cremig-fruchtigen Toppings. Das Beste: Du musst dafür nicht mal früher aufstehen!

2 PORTIONEN

Für die Pancakes:

125 g Mehl

1 EL Zucker

1 Ei

80 ml Vollmilch

2 TL Backpulver

1 Pr. Salz

Für das Topping:

250 g Blaubeeren

2 EL Wasser

150 g Joghurt, natur

4 Pr. Just Spices Blueberry Oatmeal Spice

Für die Pancakes alle Zutaten in eine Schüssel geben und mit einem Handmixer zu einem glatten Teig verrühren.

Eine beschichtete Pfanne erhitzen und ¼ des Teiges in die Pfanne geben. Bei mittlerer Hitze ca. 2 Minuten von jeder Seite goldbraun ausbacken. Anschließend im Backofen bei geringster Hitze (50 °C) warmhalten. Mit dem restlichen Teig ebenso verfahren.

Für das Topping die Blaubeeren waschen. Die Hälfte der Beeren in ein hohes Gefäß geben und zusammen mit dem Wasser und dem Blueberry Oatmeal Spice mit einem Pürierstab fein mixen.

Die fertigen Pancakes aufeinanderschichten und mit dem Joghurt, der Beerensoße und den restlichen Blaubeeren garnieren.

NÄHR-WERTE	KALORIEN	KH	DAVON ZUCKER	PROTEINE	FETT	DAVON GF	SALZ
pro Port.	431 kcal	67 g	22 g	15 g	9,8 g	4,3 g	1,4 g

Panierte Tofusticks

mit Süß-Sauer-Soße

Tofu – ummantelt mit einer knusprigen Panade, verfeinert durch die süß-säuerliche Note der dazu gereichten Soße: Das Ergebnis bietet nicht nur jedem Veggie einen hervorragenden Fleischersatz, sondern liefert auch den überzeugenden Beweis für alle Fleischfans, dass Tofu mit der richtigen Zubereitung zu einer echten Geschmacks-explosion wird.

2 PORTIONEN

250 g Tofu
25 g Mehl
2 Eier
1 EL Sojasoße
70 g Paniermehl
70 ml Pflanzenöl
80 ml Süß-Sauer-Soße
3 Pr. Just Spices Asia Tofu Gewürz

Den Tofu in ca. 2 × 6 cm lange Riegel schneiden. Mit 1 Prise Asia Tofu Gewürz marinieren und beiseitestellen.

Auf einem Teller das Mehl verteilen. Auf einen zweiten, tiefen Teller die Eier aufschlagen und mit der Sojasoße und 1 Prise Asia Tofu Gewürz verquirlen.
Auf einem dritten Teller das Paniermehl mit 1 Prise Asia Tofu Gewürz vermischen.

Die Tofuriegel nacheinander in Mehl, Ei und Paniermehl wälzen.

Das Pflanzenöl in einer Pfanne erhitzen und die Tofuriegel bei mittlerer Hitze 5–6 Minuten knusprig braten. Auf einem Küchenkrepp abtropfen lassen.
Die Sticks mit der Süß-Sauer-Soße zusammen servieren.

NÄHR-WERTE	KALORIEN	KH	DAVON ZUCKER	PROTEINE	FETT	DAVON GF	SALZ
pro Port.	678 kcal	58 g	17 g	32 g	35 g	5,2 g	2,5 g

ASIA
TOFU
GEWÜRZ

Herzhafte Pancakes

mit Karotten und Frühlingslauch

Die US-amerikanische Version des Pfannkuchens schmeckt nicht nur süß mit Ahornsirup, sondern sorgt auch für herzhafte Genussmomente: Angerichtet mit knackigem Frühlingsgemüse und einer asiatisch inspirierten Soße können sich die kleinen gestapelten Pancakes auf jeden Fall sehen lassen.

2 PORTIONEN

Für das Topping:

2 Karotten
4 Stangen Frühlingslauch
50 ml Sojasoße
100 ml Wasser
2 EL Honig
1 Pr. Just Spices Asia Allrounder

Für die Pancakes:

1 Zwiebel, klein, rot
125 g Mehl
2 Eier
100 ml Vollmilch
2 TL Backpulver
1 Pr. Salz
4 Pr. Just Spices Asia Allrounder

Die Karotten schälen und grob raspeln. Den Frühlingslauch waschen, putzen und in feine Ringe schneiden.

Für den Teig die Zwiebel schälen, halbieren und fein würfeln. Mit den restlichen Zutaten in eine Schüssel geben und mit einem Handmixer zu einem glatten Teig verarbeiten.

Eine beschichtete Pfanne erhitzen und ¼ des Teiges bei mittlerer Hitze 2 Minuten von jeder Seite goldbraun backen. Anschließend im Backofen bei niedrigster Temperatur (50 °C) warmhalten. Mit dem restlichen Teig so fortfahren.

Die Karotten und den Frühlingslauch in die Pfanne geben und 1 Minute bei mittlerer Hitze braten. Mit der Sojasoße und dem Wasser ablöschen und mit dem Honig und dem Asia Allrounder abschmecken.

Die Pancakes übereinanderstapeln und mit dem Gemüse samt Flüssigkeit garnieren.

NÄHR-WERTE	KALORIEN	KH	DAVON ZUCKER	PROTEINE	FETT	DAVON GF	SALZ
pro Port.	467 kcal	76 g	28 g	19 g	9,1 g	2,9 g	3,2 g

Herzhafte Franzbrötchen

mit Tomatenfüllung

Du hast bereits eine Schwäche für die Köstlichkeit aus der Hamburger Küche, die klassischerweise mit Zimt und Zucker zum Kaffee gereicht wird? Dann wirst Du auch die herzhafte Variante lieben! Mit ihrer fruchtig-pikanten Füllung werden die Franzbrötchen zum knusprigen Lieblingssnack auf jedem Partybuffet!

4 PORTIONEN

3 EL Tomatenmark
2 EL Olivenöl
60 g Parmesan, gerieben
3 EL Wasser
1 EL Mehl
1 Rolle Blätterteig, Kühlregal
3 EL Just Spices Tomatensalz

Den Backofen auf 200 °C (Ober-/Unterhitze) vorheizen.

Das Tomatenmark mit dem Olivenöl, dem Parmesan und dem Wasser in einer kleinen Schüssel verrühren. Mit dem Tomatensalz würzen.

Das Mehl auf einer Arbeitsfläche ausstreuen und den Blätterteig darauf ausbreiten. Mit der Tomatenpaste bestreichen. Von der langen Seite aus eng aufrollen und in ca. 3 cm breite Stücke schneiden. Jedes Stück parallel zu den Schnittflächen mit dem Stiel eines Holzlöffels eindrücken, sodass der Teig an beiden Seiten herausquillt.

Auf ein mit Backpapier ausgelegtes Backblech geben und 10 Minuten im Ofen backen.

NÄHRWERTE	KALORIEN	KH	DAVON ZUCKER	PROTEINE	FETT	DAVON GF	SALZ
pro Port.	430 kcal	24 g	2,0 g	8,2 g	34 g	18 g	1,9 g

TOMATEN
SALZ
JUST
SPICES

KRÄUTER
STULLEN
SPICE

Käse- & Snack-Platte

mit würzigem Dip

In Frankreich werden Käseplatten gerne als kulinarischer Höhepunkt eines Mahles serviert. Diese Käseplatte übertrifft sich selbst im Hinblick auf Vielfalt und Geschmack: Neben mild-würzigen Käsesorten fungieren frisches Obst als süßer Kontrast, knusprige Cracker und Brezeln als neutralisierende Komponente, knackiges Gemüse sorgt für den richtigen Biss und Serranoschinken für deftiges Aroma.

4 PORTIONEN

Für die Käse- & Snack-Platte:

1 Snackgurke
1 Apfel, rot
150 g Kirschtomaten
100 g Trauben
50 g Parmesan, am Stück
50 g Oliven
100 g Gouda, gewürfelt
100 g Nüsse, nach Wahl
50 g Salzbrezeln
100 g Serranoschinken, in Scheiben
100 g Cracker

Für den Dip:

150 g Frischkäse
4 Pr. Just Spices Kräuter Stullen Spice

Die Gurke waschen, beide Enden abschneiden und in dünne Scheiben schneiden. Den Apfel waschen, vierteln, entkernen und ebenfalls in dünne Scheiben schneiden. Die Tomaten und Trauben waschen. Den Parmesan in ca. 1 × 1 cm große Würfel schneiden.

Für den Dip den Frischkäse mit dem Kräuter Stullen Spice in einer kleinen Schüssel verrühren.

Alle Zutaten für die Käse- & Snack-Platte anrichten und mit dem Dip servieren.

NÄHR-WERTE	KALORIEN	KH	DAVON ZUCKER	PROTEINE	FETT	DAVON GF	SALZ
pro Port.	677 kcal	42 g	11 g	29 g	43 g	19 g	3,5 g

DIE TURBO-TRICKS – SO SPARST DU ZEIT BEIM KOCHEN

Selbst wenn in Deiner Küche Ordnung herrscht, Du das Einkaufen längst erledigt hast und Deine Vorräte perfekt aufgefüllt sind – hin und wieder schleichen sich beim Kochen kleine Zeitfresser ein. In diesem Kapitel lernst Du, was Du beachten solltest, um Deine Kochsession so übersichtlich und schnell wie möglich zu machen.

MEAL PREP

Ein wahrer Stern am Himmel der schnellen Küche ist das sogenannte Meal Prep. Das ist nichts anderes als das optimale Vorbereiten von Gerichten, die am Tag des Verzehrs in wenigen Minuten auf Deinem Teller landen. So kannst Du beispielsweise am Wochenende alles für Deine Arbeitswoche vorplanen, schnibbeln und arrangieren und verfällst wegen Deiner Mahlzeiten garantiert nicht in Stress.

Beim Meal Prep sparst Du aber nicht nur Zeit. Auch Dein Geldbeutel wird geschont, weil Du mit einem (fast) fertigen Gericht im Kühlschrank seltener Impulskäufen verfällst oder den Lieferdienst bestellst. Außerdem weißt Du ganz genau, was in Deinen Gerichten drinsteckt, und kannst so auch Ernährungspläne perfekt einhalten. Ganz konkret bedeutet Meal Prep für Deine Wochenplanung, dass Du Dir am besten einen Tag Zeit nimmst, um gleich für mehrere Tage leckere Mahlzeiten zusammenzustellen. Wir erklären Dir, worauf Du beim Meal Prep achten solltest:

Erstelle einen Plan: Nur mit einer Vorstellung davon, welche Lebensmittel Du in welcher Kombination an welchem Tag essen möchtest, lässt sich der Einkauf perfekt realisieren. Also schreibe alles genau auf oder lade Dir einen kostenlosen Meal-Prep-Wochenplan, den Du in unserem Blog findest, herunter.

Decke alle Nährstoffe ab: Ganz wichtig ist es, dass Du Dich nicht etwa drei Tage am Stück gleich ernährst. Dann ist Deine Ernährung nicht nur einseitig – sie macht auch deutlich weniger Freude und das wäre viel zu schade! Streue hier und da neue Zutaten ein, die Deine Gerichte spannend und leckerer machen.

Meide ungeeignete Lebensmittel: Meal Prep lebt von der Idee, dass man viel vorarbeiten kann. Sehr empfindliche Lebensmittel sind daher eher weniger geeignet und sollten nur konkret für einen Tag verarbeitet und direkt verzehrt werden. Dazu gehören unter anderem feine Blattsalate und einige Kräuter sowie Fisch, Fleisch und Eier, die nicht komplett durchgegart sind.

Schaffe Dir passende Behältnisse an: Große Schraubgläser und Boxen mit praktischen Unterteilungen gehören zur Erstausstattung für alle, die Meal Prep betreiben. Gerade Schraubgläser kannst Du optimal von fertigen Suppen oder Konserven upcyceln – ganz wichtig ist aber, dass Du sie gründlich auskochst.

Immer schön kühlen: Deine vorbereiteten Gerichte bleiben viel länger frisch, wenn Du sie korrekt kühlst. Halte deshalb immer genug Platz in Deinem Kühlschrank frei, sodass Du Deine gefüllten Boxen und Gläser bequem lagern kannst.

Noch mehr Informationen zum Thema Meal Prep und einen passenden Wochenplan von uns bekommst Du, wenn Du diesen QR-Code scannst.

Neben Meal Prep gibt es aber auch noch weitere Tricks, mit denen Du die Zeit auf Deiner Seite hast! Wir haben unsere liebsten Hacks für Dich zusammengefasst.

DIE 10 BESTEN TRICKS ZUM ZEITSPAREN

1. MIT SCHALE ZUBEREITEN: Viele Lebensmittel lassen sich perfekt mit Schale verarbeiten. Besonders bei einigen Kartoffelsorten, Karotten und Gurken kannst Du Dir das Schälen sparen – dann solltest Du aber daran denken, sie gut abzuwaschen.

2. REIBEN STATT SCHNIBBELN: Eine extraschnelle Gemüsebowl funktioniert wunderbar mit geriebenen Zutaten. Besonders Karotten, Gurken und Zucchini lassen sich perfekt reiben und sind so ruckzuck angerichtet.

3. WASSERKOCHER-TRICK: Dein Kochwasser braucht ewig, bevor es die richtige Temperatur hat? Die Lösung für dieses Problem ist Dein Wasserkocher. So kannst Du kochendes Wasser in den Topf geben und sofort loslegen. Damit sparst Du nicht nur viel Zeit, sondern auch Energie – doppelt praktisch!

4. DECKEL DRAUF: Achte darauf, möglichst immer mit Deckel zu kochen – so kann die Hitze im Topf nicht entweichen und Du erreichst viel schneller höhere Temperaturen. Aber Vorsicht: Nichts überkochen lassen! Manche Gerichte müssen auch offen gekocht werden, da Flüssigkeit entweichen soll.

5. KLEINE STÜCKE SCHNEIDEN: Sowohl bei Gemüse als auch bei Fleisch gilt: Je kleiner Du die Stücke schneidest, desto schneller werden sie gar. Diese Methode eignet sich z. B. bei Suppen oder Eintöpfen hervorragend.

6. „MISE EN PLACE“: Profiköche schwören drauf: „Mise en Place“ ist Französisch und bedeutet so viel wie „einrichten“. Für Dich heißt das ganz simpel: Stelle vor dem Kochen das gesamte Equipment und alle Zutaten bereit. Das spart Zeit und verhindert obendrein, dass Dir etwa Deine Zwiebeln in der Pfanne verschmoren, während Du nach dem richtigen Gewürz suchst. Übrigens: Auch der Küchenabfall sollte während des Kochens einen festen Platz in einem Behälter haben, damit Du nicht immer wieder an den Mülleimer musst.

7. GERÄTE-MULTITASKING: Versuche, Deine Küchengeräte clever zu nutzen: Heize den Backofen vor, während Du Kartoffeln schnibbelst, backe sie, während Du in der Pfanne Gemüse schmorst. Lass Deine Soße im Topf köcheln und bereite gleichzeitig Toppings vor. So holst Du das Maximum aus Deiner Küche heraus und hast im Nu ein tolles Essen gezaubert.

8. ONE POT: Ein absoluter Game-Changer: Schneide Deine Zutaten zurecht, schmeiße alles in eine große Pfanne oder einen Topf, füge zum Beispiel Nudeln, etwas Wasser und Gewürze hinzu, Deckel drauf – fertig! Bis Dein Gericht gar ist, hast Du Deine Küche längst auf Vordermann gebracht und kannst sofort losschlemmen. Manche Rezepte in diesem Buch tragen ein Icon mit einem blauen Kochtopf – diese Gerichte eignen sich besonders für One Pot. Probiere es doch direkt mal aus!

9. SOS-BEILAGEN: Wenn die Zeit so richtig knapp ist, solltest Du ein paar Blitzbeilagen zuhause haben. Glasnudeln, Ramen-Nudeln oder Couscous etwa müssen nur mit heißem Wasser oder Brühe übergossen werden und sind nach kürzester Zeit einsatzbereit. Aber auch frische Pasta ist in wenigen Minuten in siedendem Wasser bereit, Teil Deiner schnellen Gerichte zu werden.

10. SCHNELLE REZEPTE: Egal, wie gewissenhaft Du unsere Zeitspar-Hacks auch befolgen magst. Letzten Endes steht und fällt Dein Zeitmanagement mit der Komplexität des Rezeptes.

Und dabei lassen wir Dich natürlich nicht im Stich. Also, weiter geht's mit unseren schnellen Rezepten!

PASTA, GNOCCHI, REIS & CO.

Tipp: Wenn Du keine Lust auf den großen Abwasch hast, probiere doch ein One-Pot-Gericht aus.

Cremige Tagliatelle

mit Pilzen und Speck

Einmal probiert, sofort verliebt – in diesem Rezept treffen italienische Tagliatelle in einer cremigen Soße auf Champignons und würzigen Bacon. Das Ergebnis ist in nur 25 Minuten servierfertig und lässt in Sachen Genuss garantiert keine Wünsche offen.

4 PORTIONEN

400 g Tagliatelle
350 g Champignons, braun
125 g Bacon, am Stück
1 Zwiebel, rot
1 Knoblauchzehe
1 EL Olivenöl
100 ml Weißwein
250 g Kochsahne
Salz
3 Pr. Just Spices Fleisch & Braten Gewürz

In einem Topf reichlich Salzwasser zum Kochen bringen, die Tagliatelle nach Packungsanleitung al dente kochen und abgießen. Dabei 200 ml Kochwasser aufbewahren.

Die Champignons putzen und in dünne Scheiben schneiden. Den Bacon würfeln. Die Zwiebel schälen, halbieren und fein würfeln. Den Knoblauch schälen und fein hacken.

Das Olivenöl in einer Pfanne erhitzen und die Baconwürfel ca. 2 Minuten bei mittlerer Hitze auslassen. Die Pilze hinzugeben und bei starker Hitze ca. 3 Minuten braten. Die Knoblauch- und Zwiebelwürfel hinzugeben und nochmals ca. 2 Minuten braten.

Mit 2 Prisen Salz und dem Fleisch & Braten Gewürz würzen und mit dem Weißwein ablöschen. Alles einköcheln lassen und anschließend mit der Sahne und dem Nudelwasser auffüllen.

Noch einmal aufkochen lassen, die Tagliatelle hinzufügen und ca. 2 Minuten kochen lassen.

NÄHR-WERTE	KALORIEN	KH	DAVON ZUCKER	PROTEINE	FETT	DAVON GF	SALZ
pro Port.	710 kcal	76 g	4,9 g	23 g	34 g	16 g	0,65 g

FLEISCH
& BRATEN
GEWÜRZ

PIZZA
GEWÜRZ
JUST SPICES
PASTA
ALLROUNDER
JUST SPICES

Feta-Pasta

mit Tomaten

Pasta-Freunde aufgepasst! Dieses Blitzgericht wird Eure Herzen höher schlagen lassen! Die Feta-Pasta kommt mit gerade mal vier Hauptzutaten aus und kocht sich in nur 20 Minuten von allein. Manchmal ist weniger einfach mehr.

2 PORTIONEN

250 g Feta
350 g Kirschtomaten
1 Knoblauchzehe
3 EL Olivenöl
300 g Pasta, nach Wahl
2 Pr. Just Spices Pasta Allrounder
2 Pr. Just Spices Pizza Gewürz

Den Backofen auf 200 °C (Umluft) vorheizen.

Den Feta in eine Auflaufform (ca. 22 x 17 cm) geben. Die Tomaten waschen und um den Feta herum verteilen. Den Knoblauch schälen, fein hacken und ebenfalls mit in die Auflaufform geben. Den Feta mit dem Olivenöl beträufeln und mit dem Pasta Allrounder und dem Pizza Gewürz verfeinern. 20 Minuten im Backofen garen.

In der Zwischenzeit in einem Topf reichlich Salzwasser zum Kochen bringen, die Pasta nach Packungsanleitung al dente kochen und abgießen.

Die Auflaufform aus dem Ofen nehmen und den Feta mithilfe einer Gabel zu einer cremigen Soße zerdrücken. Die Pasta hinzufügen und gründlich vermengen.

NÄHR-WERTE	KALORIEN	KH	DAVON ZUCKER	PROTEINE	FETT	DAVON GF	SALZ
pro Port.	1110 kcal	114 g	6,1 g	41 g	54 g	24 g	3,2 g

One-Pot-Pasta

mit Tomaten

Von Apulien, einer Region in Süditalien, direkt auf den Teller: Hier treffen leckere Orecchiette, italienisch für Öhrchen, auf eine würzige Tomatensoße. Eine Handvoll Blattspinat on top und schon ist Dein Nudelglück in einem einzigen Topf perfekt.

4 PORTIONEN

1 Zwiebel, rot
2 EL Olivenöl
1 Dose stückige Tomaten, à 400 g
1 l Wasser
350 g Orecchiette
150 g junger Blattspinat
350 g Kirschtomaten
Salz
6 Pr. Just Spices Pasta Allrounder

Die Zwiebel schälen, halbieren und fein würfeln.

In einem breiten Topf das Olivenöl erhitzen und die Zwiebel bei mittlerer Hitze ca. 3 Minuten braten. Den Pasta Allrounder hinzufügen und ca. 30 Sekunden mitbraten.

Mit den stückigen Tomaten und dem Wasser auffüllen und zum Kochen bringen. Mit 5 Prisen Salz würzen, die Orecchiette hinzufügen und ca. 15 Minuten köcheln lassen, bis die Orecchiette gar sind.

Währenddessen den Spinat waschen und trocken schleudern. Die Tomaten waschen und halbieren. 5 Minuten vor Ende der Kochzeit den Spinat und die Tomaten unterheben.

NÄHR-WERTE	KALORIEN	KH	DAVON ZUCKER	PROTEINE	FETT	DAVON GF	SALZ
pro Port.	426 kcal	70 g	8,3 g	15 g	8,9 g	1,3 g	0,99 g

PASTA
ALLROUNDER

BOLOGNESE
GEWÜRZ

Blitz-Spaghetti-Bolognese

mit Parmesan

Spaghetti Bolognese ist bekanntlich der Klassiker unter den Nudelgerichten. Ragù alla bolognese, das Original aus dem norditalienischen Bologna, wird ganz langsam geschmort und bedarf daher einer Menge Geduld. Um Deiner Pasta auch ohne lange Kochzeit den guten und authentischen Geschmack der italienischen Küche zu verleihen, haben wir für Dich ein Blitzrezept entwickelt. Buon Appetito!

2 PORTIONEN

250 g Spaghetti
1 Zwiebel, rot
2 EL Olivenöl
350 g Rinderhackfleisch
2 EL Tomatenmark
1 Dose stückige Tomaten, à 400 g
200 ml Wasser
60 g Parmesan, gerieben
Salz
4 Pr. Just Spices Bolognese Gewürz

In einem Topf reichlich Salzwasser zum Kochen bringen, die Spaghetti nach Packungsanleitung al dente kochen und abgießen.

Währenddessen die Zwiebel schälen, halbieren und fein würfeln. Das Olivenöl in einer großen Pfanne erhitzen und das Hackfleisch bei starker Hitze 3 Minuten krümelig anbraten. Die Zwiebeln und das Bolognese Gewürz hinzufügen und weitere 2 Minuten braten.

Das Tomatenmark hinzugeben und unterrühren. Mit den stückigen Tomaten und dem Wasser auffüllen und zum Kochen bringen. Mit 2 Prisen Salz würzen und die Bolognese bei mittlerer Hitze 15 Minuten köcheln lassen.

Die Spaghetti zur Bolognese geben und gründlich vermengen.

Zusammen mit dem Parmesan servieren.

NÄHR-WERTE	KALORIEN	KH	DAVON ZUCKER	PROTEINE	FETT	DAVON GF	SALZ
pro Port.	1110 kcal	102 g	14 g	57 g	52 g	19 g	4,5 g

One-Pot-Pasta

mit Gemüse

Der Kochtrend der One-Pot-Pasta stammt ursprünglich aus den USA, erfreut sich aber auch hierzulande zunehmender Beliebtheit. Und das zu Recht, denn damit sind Nudelgerichte nicht nur in wenigen Minuten zubereitet, sondern alle Hilfsmittel genauso schnell wieder abgespült. In diesem Topf vereinen sich Fusilli, grünes Gemüse und würzige Sojasoße.

2 PORTIONEN

950 ml Wasser
1 EL Sojasoße
½ Brokkoli
1 EL Olivenöl
75 g Erbsen, tiefgekühlt
200 g Fusilli
50 g junger Blattspinat
Salz
2 Pr. Just Spices Gemüsebrühe ohne Zuckerzusatz*
2 Pr. Just Spices Brokkoli Gewürz

*enthält von Natur aus Zucker

Das Wasser mit der Sojasoße in ein hohes Gefäß geben, mit der Gemüsebrühe würzen und ca. 5 Minuten ziehen lassen.

Den Brokkoli waschen und in kleine Röschen schneiden. In einem breiten Topf das Olivenöl erhitzen und den Brokkoli bei mittlerer Hitze ca. 4 Minuten braten.

Mit der Gemüsebrühe auffüllen und zum Kochen bringen. Die Erbsen und Fusilli hinzufügen, mit dem Brokkoli Gewürz und 4 Prisen Salz würzen und ca. 15 Minuten köcheln lassen.

Den Spinat waschen und trocken schleudern. 5 Minuten vor Ende der Kochzeit den Spinat untermengen.

NÄHR-WERTE	KALORIEN	KH	DAVON ZUCKER	PROTEINE	FETT	DAVON GF	SALZ
pro Port.	487 kcal	79 g	4,6 g	20 g	9,1 g	1,3 g	2,9 g

GEMÜSEBRÜHE
OHNE
BROKKOLI
GEWÜRZ

CURRY
MADRAS

Schnelles Curry

mit Süßkartoffel und Kichererbsen

Du bist Fan der indischen Küche oder bereit, es noch zu werden? Wir zeigen Dir den Weg zum authentischen und aromatischen Curry, das in nur 25 Minuten zubereitet ist und jeden begeistert: Ein Wohlfühlgericht, das Herz und Magen erwärmt.

4 PORTIONEN

1 Süßkartoffel, ca. 500 g
1 Zwiebel, rot
1 Dose Kichererbsen, à 425 g
2 EL Sonnenblumenöl
1 Dose Kokosmilch, à 400 ml
400 g passierte Tomaten
2 Stangen Frühlingslauch
1 Limette, Saft
150 g Joghurt, natur
Salz
3 Pr. Just Spices Curry Madras

Die Süßkartoffel schälen, in ca. 1 × 1 cm große Würfel schneiden. Die Zwiebel schälen, halbieren und fein würfeln. Die Kichererbsen durch ein Sieb abgießen, abbrausen und abtropfen lassen.

Das Sonnenblumenöl in einem Topf erhitzen und die Süßkartoffeln, Kichererbsen und Zwiebel bei mittlerer Hitze 3 Minuten braten. Das Curry Madras und 3 Prisen Salz hinzufügen und 1 Minute bei leichter Hitze mitbraten. Mit der Kokosmilch und den passierten Tomaten auffüllen und 15 Minuten bei mittlerer Hitze köcheln lassen.

In der Zwischenzeit den Frühlingslauch waschen, putzen und in feine Ringe schneiden.

Die Limette halbieren, den Saft auspressen und das Curry mit dem Limettensaft abschmecken. Mit dem Frühlingslauch und dem Joghurt garnieren.

NÄHR-WERTE	KALORIEN	KH	DAVON ZUCKER	PROTEINE	FETT	DAVON GF	SALZ
pro Port.	552 kcal	54 g	17 g	12 g	32 g	21 g	0,91 g

One-Pot-Reispfanne

mit Joghurt

Die Aromen von gebratener Aubergine und Paprika in Kombination mit fruchtigen Tomaten, dazu die süß-säuerliche Note von Granatapfelkernen, ergänzt durch die belebende Frische von Minze – hier kommt ein magischer Geschmack zusammen.

4 PORTIONEN

1 Zwiebel, rot
1 Aubergine
1 Knoblauchzehe
1 Paprika, rot
3 EL Olivenöl
150 g Langkornreis
1 Dose stückige Tomaten, à 400 g
600 ml Wasser
½ Bund Minze
80 g Granatapfelkerne
150 g Joghurt, natur
Salz
3 Pr. Just Spices Curry Madras

Die Zwiebel schälen, halbieren und fein würfeln. Die Aubergine waschen, beide Enden abschneiden und in ca. 1 × 1 cm große Würfel schneiden. Den Knoblauch schälen und fein hacken. Die Paprika waschen, halbieren, entkernen und mit einem Messer die weißen Fasern entfernen. Anschließend in ca. 1 × 1 cm große Würfel schneiden.

Das Olivenöl in einer Pfanne erhitzen und die Aubergine, den Knoblauch, die Paprika und Zwiebel bei starker Hitze 3 Minuten anbraten. Den Reis, 4 Prisen Salz und das Curry Madras hinzugeben und bei mittlerer Hitze 1 Minute braten.

Mit den stückigen Tomaten und dem Wasser auffüllen und 15 Minuten bei mittlerer Hitze unter gelegentlichem Rühren garen.

In der Zwischenzeit die Minze waschen, trocken tupfen und in feine Streifen schneiden. Die Minze und die Granatapfelkerne mit in die Pfanne geben und gründlich vermengen.

Die Reispfanne zusammen mit dem Joghurt servieren.

NÄHR-WERTE	KALORIEN	KH	DAVON ZUCKER	PROTEINE	FETT	DAVON GF	SALZ
pro Port.	331 kcal	45 g	15 g	7,5 g	13 g	2,6 g	0,66 g

CURRY MADRAS

FLEISCH,
FISCH & EI

Zart, saftig und einfach unwiderstehlich lecker: Rindersteak mit Tomatensalsa.

Blitz-Chili-con-Carne

mit Reis

Chili con Carne, olé! Ein Rezept für alle, die den Klassiker der Tex-Mex-Küche lieben. In nur wenigen Minuten zauberst Du eine kräftig-pikante Kreation, von der Du und Deine Gäste nicht genug bekommen werden.

2 PORTIONEN

300 g Langkornreis
1 Zwiebel, rot
1 EL Olivenöl
350 g Rinderhackfleisch
1 Dose stückige Tomaten, à 400 g
1 Dose Kidneybohnen, à 425 ml
1 Dose Mais, à 425 ml
250 ml Wasser
250 g Schmand
Salz
5 Pr. Just Spices Mexican Allrounder

Den Reis in ein Sieb geben und unter fließendem Wasser gründlich abspülen. Den Reis in einem Topf nach Packungsanleitung garen.

Währenddessen die Zwiebel schälen, halbieren und fein würfeln.

Das Olivenöl in einer Pfanne erhitzen und das Hackfleisch bei starker Hitze 3 Minuten krümelig anbraten. Die Zwiebeln hinzugeben und weitere 2 Minuten braten. Mit 3 Prisen Salz und dem Mexican Allrounder würzen.

Die stückigen Tomaten und die Kidneybohnen samt Flüssigkeit hinzufügen. Den Mais abgießen und ebenfalls in die Pfanne geben. Mit dem Wasser auffüllen, zum Kochen bringen und 10 Minuten bei mittlerer Hitze köcheln lassen.

Das Chili mit dem gekochten Reis und dem Schmand servieren.

NÄHR-WERTE	KALORIEN	KH	DAVON ZUCKER	PROTEINE	FETT	DAVON GF	SALZ
pro Port.	809 kcal	85 g	9,9 g	30 g	38 g	18 g	2,9 g

MEXICAN
ALLROUNDER

Rindersteak

mit Tomatensalsa

Feinschmecker aufgepasst! Dieses Gericht wird zur kulinarischen Offenbarung: Ein saftig-zart gegrilltes Rindersteak, das auf grandiose Art Deinen Gaumen kitzelt, dazu eine fruchtig-pikante Tomatensalsa, die feurige Akzente setzt. Guten Appetit!

2 PORTIONEN

Für die Tomatensalsa:

1 Dose stückige Tomaten, à 400 g

1 Zwiebel, klein, rot

1 Chili, rot

1 Limette, Saft

Salz

2 Pr. Just Spices BBQ Gewürz

Für das Rindersteak:

2 EL Sonnenblumenöl

2 Rindersteaks, Hüfte, à 200 g

Salz

4 Pr. Just Spices BBQ Gewürz

Den Backofen auf niedrigste Temperatur vorheizen (40–50 °C Ober-/Unterhitze).

Für die Salsa die Tomaten in ein Sieb geben und ca. 15 Minuten abtropfen lassen.

Währenddessen die Zwiebel schälen, halbieren und fein würfeln. Die Chili waschen, der Länge nach halbieren und von den Scheidewänden und Kernen befreien. Anschließend fein hacken. Beides zusammen mit den abgetropften Tomaten in eine Schüssel geben. Die Limette halbieren und auspressen. Den Saft mit in die Schüssel geben, gründlich verrühren und mit 2 Prisen Salz und dem BBQ Gewürz würzen. Anschließend beiseitestellen.

Für die Rindersteaks das Sonnenblumenöl in einer großen Pfanne erhitzen. Die Steaks von beiden Seiten mit 1 Prise Salz würzen, in die heiße Pfanne geben und von jeder Seite 3 Minuten anbraten. Aus der Pfanne nehmen und mit dem BBQ Gewürz würzen. Das Fleisch auf einen Gitterrost in den Backofen geben und 3 Minuten ruhen lassen.

Die Rindersteaks mit der Tomatensalsa servieren.

Tipp: Achte für ein perfektes Ergebnis bei den Steaks darauf, dass sie einheitlich dick sind (ca. 3 cm).

NÄHR-WERTE	KALORIEN	KH	DAVON ZUCKER	PROTEINE	FETT	DAVON GF	SALZ
pro Port.	438 kcal	10 g	9,9 g	45 g	24 g	5,3 g	2,7 g

Hähnchen-Gyros

im Pita-Brot

Der Geschmack von Gyros erinnert an den Sommer, an ein Abendessen beim Griechen um die Ecke oder an einen lauen Sommerabend auf Kreta. Die Zubereitung muss jedoch kein Geheimnis der griechischen Küche bleiben. Mit diesem Rezept kannst Du Gyros zukünftig auch schnell und einfach zuhause in der Pfanne braten und mit buntem Gemüse sowie einer Joghurtsoße im Pita-Brot genießen.

4 PORTIONEN

Für das Hähnchen-Gyros:

200 g Hähnchenbrustfilet
2 EL Olivenöl
1 Gurke
1 Rispentomate
2 Römersalatherzen
1 Zwiebel, rot
2 EL Balsamicoessig, hell
4 Pita Brote
3 Pr. Just Spices Hackfleisch Gewürz

Für die Joghurtsoße:

200 g griechischer Joghurt
1 Knoblauchzehe
3 Pr. Just Spices Tsatsiki Gewürz

Die Hähnchenbrustfilets von Haut und Sehnen befreien und in feine Streifen schneiden. In eine Schüssel geben und mit 1 EL Olivenöl und dem Hackfleisch Gewürz marinieren.

Die Gurke waschen, beide Enden abschneiden, längs vierteln, entkernen und in ca. 1 × 1 cm große Würfel schneiden. Die Tomate waschen, vierteln, entkernen und ebenfalls in ca. 1 × 1 cm große Würfel schneiden.

Den Salat waschen, trocken schleudern und in feine Streifen schneiden. Die Zwiebel schälen, halbieren und in feine Streifen schneiden. Das Gemüse in eine Schüssel geben und mit dem Balsamicoessig marinieren.

1 EL Olivenöl in einer Pfanne erhitzen und das Hähnchen bei mittlerer Hitze ca. 5 Minuten unter Rühren braten.

In der Zwischenzeit die Pita-Brote nach Packungsanleitung zubereiten.

Für die Joghurtsoße den griechischen Joghurt in eine Schüssel geben. Den Knoblauch schälen, fein hacken und mit in die Schüssel geben. Mit dem Tsatsiki Gewürz würzen.

Die Pita-Brote einschneiden und mit der Joghurtsoße, dem Gemüse und dem Hähnchen füllen.

NÄHR-WERTE	KALORIEN	KH	DAVON ZUCKER	PROTEINE	FETT	DAVON GF	SALZ
pro Port.	428 kcal	53 g	14 g	22 g	13 g	4,7 g	0,77 g

TSATSIKI GEWÜRZ
HACKFLEISCH GEWÜRZ

SÜSSES & SNACKS

Rezepte für Krümelmonster.

Süßer Crumble

mit Himbeeren

Ein warmer Streuselkuchen ohne Boden? Dieser Traum von Dessert nennt sich Crumble und ist einfach unwiderstehlich. In unserem Rezept ist es das fruchtig-süße Aroma von Himbeeren, das sich unter der knusprigen Streuseldecke versteckt und nur darauf wartet, von Dir aus dem Ofen geholt zu werden.

2 PORTIONEN

250 g Himbeeren, tiefgekühlt
1 EL Speisestärke
150 g Weizenmehl
100 g Rohrohrzucker
100 g Butter, kalt
Salz
3 Pr. Just Spices Blueberry Oatmeal Spice

Den Backofen auf 190 °C (Ober-/Unterhitze) vorheizen.

Die Himbeeren in eine Schüssel geben und mit dem Blueberry Oatmeal Spice und der Speisestärke vermengen.

Die Himbeeren in 2 runde Backformen (Ø 11 cm) füllen und beiseitestellen.

Für den Crumble das Mehl mit dem Zucker und 1 Prise Salz in eine Schüssel geben. Die Butter in Stücken hinzugeben und mit den Händen verkneten, bis ein grob krümeliger Teig entsteht.

Den Crumble über die Himbeeren geben und die Formen 20 Minuten im Backofen backen.

Tipp: Lass Dir den Himbeer-Crumble mit frischer Schlagsahne oder Vanilleeis schmecken!

NÄHR-WERTE	KALORIEN	KH	DAVON ZUCKER	PROTEINE	FETT	DAVON GF	SALZ
pro Port.	910 kcal	115 g	56 g	10 g	44 g	28 g	0,26 g

BLUEBERRY
OATMEAL
SPICE

KAKAO KUSS

Schnelle Brezel-Cookies

mit Schokolade

Schokocookies mit Salzbrezeln? Hier treffen scheinbar gegensätzliche Geschmäcker aufeinander, die aber in Kombination ein unbeschreiblich harmonisches Ganzes ergeben. Mach Dich bereit für ein süß-salziges Cookie-Vergnügen, dem Du nicht widerstehen wirst.

CA. 24 STÜCK

100 g Schokolade, zartbitter
100 g Butter, weich
150 g Zucker, braun
1 Ei
200 g Mehl
1 TL Natron
50 g Salzbrezeln
Salz
3 Pr. Just Spices Kakaokuss

Den Backofen auf 180 °C (Umluft) vorheizen.

Die Schokolade grob zerhacken.

Die Butter mit dem Zucker in eine Schüssel geben und mit einem Handmixer 2 Minuten aufschlagen. Das Ei hinzugeben und weitere 2 Minuten verrühren. Das Mehl mit dem Kakaokuss, 1 Prise Salz und dem Natron hinzufügen und so lange mixen, bis ein geschmeidiger Teig entsteht. Die Salzbrezeln in den Teig hineinbröseln, die gehackte Schokolade dazugeben und untermengen.

Den Teig zu 24 gleichgroßen Kugeln formen und mit Abstand zueinander auf 2 mit Backpapier ausgelegte Backbleche verteilen. Die Cookies 10 Minuten zeitgleich backen.

Aus dem Backofen nehmen und etwas abkühlen lassen.

NÄHR-WERTE	KALORIEN	KH	DAVON ZUCKER	PROTEINE	FETT	DAVON GF	SALZ
pro Stk.	117 kcal	16 g	8,4 g	1,7 g	5,2 g	3,2 g	0,18 g

Zweierlei Knusperstangen

mit Dip

Ob als Fingerfood auf der nächsten großen Party, als Beilage für den Vorspeisenteller oder einfach nur als Snack für zwischendurch: Mit diesem feinen Knusperstangen-Duo triffst Du garantiert jeden Geschmack. Greif zu!

4 PORTIONEN

Für die Frischkäse-Mozzarella-Knusperstangen:

1 Rolle Blätterteig, Kühlregal
150 g Frischkäse
100 g Mozzarella, gerieben
1 Ei
4 Pr. Just Spices Hot Garlic & Onion Dip

Für die Pesto-Knusperstangen:

1 Rolle Blätterteig, Kühlregal
3 EL Olivenöl
100 g Mozzarella, gerieben
4 Pr. Just Spices Roter Pesto Mix

Für den Dip:

150 g Frischkäse
1 EL Tomatenmark
2 Pr. Just Spices Hot Garlic & Onion Dip

Den Backofen auf 200 °C (Ober-/Unterhitze) vorheizen.

Für die Frischkäse-Mozzarella-Knusperstangen den Blätterteig ausrollen, mit dem Frischkäse bestreichen und mit dem Hot Garlic & Onion Dip bestreuen. Den Mozzarella darüberstreuen und den Blätterteig von der langen Seite um die Hälfte einklappen. Den Teig in ca. 1 cm breite Streifen schneiden. Die Streifen auf ein mit Backpapier ausgelegtes Backblech geben und dabei spiralförmig eindrehen.
Das Ei in eine kleine Schüssel aufschlagen, verquirlen und die Stangen mit der Hälfte des Eies bestreichen. Das restliche Ei beiseitestellen.

Für die Pesto-Knusperstangen den Blätterteig ausrollen, mit dem Olivenöl bestreichen und den Roten Pesto Mix sowie den Mozzarella gleichmäßig darübergeben. Den Blätterteig von der langen Seite um die Hälfte einklappen und den Teig in ca. 1 cm breite Streifen schneiden. Die Streifen auf ein mit Backpapier ausgelegtes Backblech geben und dabei ebenfalls spiralförmig eindrehen. Die Stangen mit dem restlichen Ei bestreichen und beide Blätterteigvarianten 15 Minuten in den Backofen geben.

In der Zwischenzeit für den Dip den Frischkäse mit dem Tomatenmark vermengen und mit dem Hot Garlic & Onion Dip abschmecken.

Die Knusperstangen zusammen mit dem Dip servieren.

NÄHR-WERTE	KALORIEN	KH	DAVON ZUCKER	PROTEINE	FETT	DAVON GF	SALZ
pro Port.	1084 kcal	44 g	5,1 g	25 g	91 g	52 g	3,1 g

ROTER PESTO MIX
JUST SPICES
HOT GARLIC & ONION DIP

AVOCADO TOPPING
RACLETTE GEWÜRZ

Überbackene Nachos

mit Guacamole

Nachos – der allzeit beliebte pikante Snack aus der Tex-Mex-Küche. Überbacken mit aromatischem Käse schmecken die kleinen Maischips einfach unwiderstehlich. Nach unserem Rezept garnierst Du das Ganze außerdem mit Schmand, feurigen Jalapenos, einer fruchtigen Tomatensalsa sowie einem cremigen Avocado-Dip.

2 PORTIONEN

Für die Nachos:

125 g Tortilla Chips, gesalzen
200 g Cheddar, gerieben
2 EL Schmand
1 EL Jalapenos, eingelegt
2 Pr. Just Spices Raclette Gewürz
3 Pr. Just Spices Avocado Topping

Für die Tomatensalsa:

2 Rispentomaten
1 Zwiebel, klein, rot
Salz

Für den Avocado-Dip:

1 Avocado
1 EL Olivenöl
1 Limette, Saft

Den Backofen auf 200 °C (Umluft) vorheizen.

Die Tortilla-Chips in eine ofenfeste Form geben und mit dem Cheddar bestreuen. Mit dem Raclette Gewürz würzen und 10 Minuten in den Ofen geben.

In der Zwischenzeit die Tomaten waschen, vierteln und würfeln. Die Zwiebel schälen, halbieren und ebenfalls würfeln. Die Tomaten und Zwiebeln in eine Schüssel geben und mit 2 Prisen Salz vermengen.

Die Avocado mit einem Messer der Länge nach halbieren, aufdrehen, den Kern entfernen und mit einem Esslöffel das Fruchtfleisch aus der Schale lösen. Die Avocado mit dem Olivenöl in einer Schale mit einer Gabel fein zerdrücken. Die Limette halbieren und den Saft auspressen. Den Avocado-Dip mit dem Limettensaft abschmecken.

Die Tomatensalsa auf den gebackenen Tortilla-Chips verteilen. Mit dem Schmand, dem Avocado-Dip und den Jalapenos belegen und mit dem Avocado Topping garnieren.

NÄHR-WERTE	KALORIEN	KH	DAVON ZUCKER	PROTEINE	FETT	DAVON GF	SALZ
pro Port.	1018 kcal	54 g	14 g	33 g	74 g	35 g	4,8 g

Fladenbrot-Pizza

mit Tomaten und Mozzarella

Wer liebt sie nicht, die ofenfrische, knusprige Pizza? Wenn Dich die klassische Pizza Margherita auf Dauer langweilt, haben wir hier die perfekte Alternative für Dich: Statt auf dünnem Hefeteig kommt der fruchtig-würzige Belag in diesem Rezept auf einem fluffig-frischen Teigfladen. So schmeckt la dolce vita!

4 PORTIONEN

1 Fladenbrot

1 Dose stückige Tomaten, à 400 g

350 g Kirschtomaten

200 g Mozzarella, gerieben

1 Handvoll Rucola

Salz

3. Pr. Just Spices Roter Pesto Mix

3 Pr. Just Spices Pizza Gewürz

Den Backofen auf 220 °C (Umluft) vorheizen.

Das Fladenbrot waagerecht aufschneiden. Die stückigen Tomaten in einer Schüssel mit 2 Prisen Salz und dem Roten Pesto Mix vermengen. Die Kirschtomaten waschen und in Scheiben schneiden.

Die stückigen Tomaten auf die Innenseite der Fladenbrothälften verteilen. Die Kirschtomaten daraufgeben und mit dem Mozzarella bedecken.

Die Fladenbrote 15 Minuten in den Backofen geben und knusprig backen.

In der Zwischenzeit den Rucola waschen und trocken schleudern.

Die Fladenbrot-Pizza aus dem Ofen nehmen, mit dem Pizza Gewürz bestreuen und mit dem Rucola belegen.

NÄHR-WERTE	KALORIEN	KH	DAVON ZUCKER	PROTEINE	FETT	DAVON GF	SALZ
pro Port.	482 kcal	69 g	8,5 g	21 g	13 g	7,6 g	2,3 g

ROTER PESTO MIX
PIZZA GEWURZ

GENUSS IN HÖCHST-GESCHWINDIGKEIT: JUST SPICES

Die Geheimzutat für ein Gericht zu finden, ist gerade im kulinarischen Alltag oft nicht leicht. Manchmal fehlt eine exotische Note, dann geht der Pfeffer zu Neige, hier und da hapert es an der richtigen Dosierung. Genau aus diesem Grund nehmen wir uns bei unseren Mischungen Wochen, häufig sogar Monate Zeit, um die Aromen in perfekter Harmonie zusammenzustellen. So sind sie nicht nur superlecker, sondern auch wahre Allrounder und vielseitig einsetzbar.

Unsere Mischungen sind oft sehr vielschichtig – das Bratkartoffel Gewürz etwa besteht aus 14 einzelnen natürlichen Zutaten, in unserem Meat Allrounder stecken sogar 17, unser Pasta Allrounder zählt ganze 20 Bestandteile. Dabei ist jede Zutat genau in dem Anteil enthalten, der die Mischung rundum perfekt macht. Wir sorgen in absoluter Detailarbeit für eine runde Zusammenstellung, die Du in Sekunden für Dein Gericht nutzen kannst.

Doch einige Zutaten begleiten uns ganz besonders häufig – und das aus gutem Grund. Wir erklären Dir, welche Komponenten in unseren Dosen für Harmonie sorgen und die perfekte Basis für echte Lieblingsgerichte bilden.

UNSERE WÜRZIGEN BASICS

1. SALZ: Klar! Als natürlicher Geschmacksträger ist Salz entscheidend für die Geschmacksentwicklung eines Gerichtes. Selbst wenn aromatische Gewürze stärker verwendet werden, schmeckt eine Speise häufig eher unspektakulär, solange das Salz fehlt. Das liegt unter anderem daran, dass Salz die Wahrnehmungskraft unseres Geschmackssinns unterstützen kann. Sein Geschmack ist nämlich mehrdimensional. Neben der Salzigkeit sorgt es auch für eine Geschmacksintensivierung anderer Komponenten: Salz mildert die Bitterkeit, gleicht Süße aus und vertieft Aromen.

2. PFEFFER: Ob fruchtig-scharf, leicht bitter oder warm und zitrusartig – die aromatische Vielfalt von Pfeffer macht in der Würze häufig den entscheidenden Unterschied. Auf der ganzen Welt liebt man Pfeffer und nutzt ihn vor allem, um den Speisen Charakter zu verleihen. Auch wir sind Pfeffer-Fans! In unseren Mischungen werden Dir vier Sorten besonders oft begegnen:

SCHWARZER PFEFFER: Präsentes Aroma, ausgeprägte Schärfe – die wohl populärste Pfeffersorte ist ein wahrer Allrounder und passt zu fast jedem Gericht.

TELLICHERRY-PFEFFER: Der edle Spätlese-Pfeffer aus Thalassery in Indien. Er wird kurz vor der vollständigen Reife geerntet und ist dadurch besonders intensiv. Er ist geprägt von einer eleganten, pfeffertypischen, harmonischen Schärfe. Warm und intensiv im Aroma besticht er außerdem durch zarte Zitrus- und Beerennoten.

GRÜNER PFEFFER: Wenn die Früchte des Pfefferbaumes noch unreif geerntet und getrocknet werden, entsteht grüner Pfeffer. Er ist milder, hat leichte Kräuternoten und schmeckt etwas frischer als schwarzer Pfeffer.

KUBEBENPFEFFER: Diese Pfeffersorte zeichnet sich durch ihren intensiven Duft aus – in Sachen Schärfe hingegen ist sie eher dezent. Im Kubebenpfeffer vereinen sich zurückhaltende Schärfe mit leicht bitteren Nuancen sowie kühlende, lang anhaltende Mentholnoten. Er ist warm und harzig im Aroma.

3. PAPRIKA: Ob granuliert oder gemahlen – Paprika bringt eine fruchtige Süße in unsere Mischungen und rundet andere Aromen wunderbar ab. Sie sorgt für eine kräftige Farbe im Gewürz-Mix und kann je nach Sorte auch eine leichte Schärfe mitbringen.

4. KNOBLAUCH: Unser heiß geliebtes Geschmackswunder! Knoblauch gibt vielen unserer Mischungen eine Grundwürze. Dank seiner leichten Süße und des charakteristischen Aromas ist er ein wahrer Allrounder, der die anderen Komponenten der Mischungen perfekt unterstützen kann. Ganz gleich, in welcher Form wir ihn in unsere Dosen geben – er enttäuscht uns wirklich nie!

5. TOMATE: Unser Umami-Star. Getrocknete Tomaten sind eine echte Geheimzutat für den perfekten Geschmack. Ihre vollmundige, fruchtig-frische Süße rundet viele unserer Mischungen ab und setzt die Aromen vollends in Szene.

6. ZWIEBEL: Getrocknete Zwiebel sorgt nicht nur für einen tollen Duft in den Mischungen, sie bringt auch einen würzigen Twist in die Dose. Zwiebel harmoniert perfekt mit Knoblauch, aber auch mit den fruchtigen Komponenten wie Paprika und Tomate. Sie erweitern Kräuter und Gewürze um die Umami-Komponente. Rote Zwiebel nutzen wir besonders gern, wenn wir etwas Süße ins Spiel bringen wollen, wie etwa für unsere Salatdressings. Sie gelten als besonders aromatisch. Mit weißer oder gelber Zwiebel veredeln wir gern die pikanten Mischungen, die zum Kochen gedacht sind. Aber ganz gleich, welche Sorte wir hinzugeben, die Zwiebel sorgt für die perfekte Harmonie in der Dose.

Natürlich geben wir zu unseren Basics noch viele weitere Gewürze und Kräuter in die Mischungen – und vor allem sorgen wir dafür, dass die Komponenten perfekt ausbalanciert sind: Mit nur einem Handgriff hast Du die würzige Hilfe für den Kochalltag immer parat. So machst Du aus einfachen Speisen echte Lieblingsgerichte und kannst Deine Kreativität in der Küche voll ausleben.

Du hast Dich schon immer gefragt, welcher Gewürztyp Du bist? Dann scanne diesen QR-Code und finde in 3 Minuten heraus, welche Gewürzmischung zu Dir passt. Die Rezepte dazu gibt's direkt per Mail.

So, nun aber ran ans Würzen! Viel Spaß mit den folgenden Gerichten.

SALATE, BOWLS & GEMÜSE

Heute heißt es: Ran an die Bowls!

Italienische Kartoffel-Bowl

mit Rucola und Tomaten

Kaum ein Lebensmittel kann so vielfältig zubereitet werden wie die Kartoffel. Am liebsten mögen wir sie aber in Form von knusprigen Spalten, ganz frisch aus dem Ofen! Das klappt besonders gut mit kleinen Kartoffeln wie Drillingen. Verfeinert mit einer würzigen Marinade landen Deine Kartoffeln hier in einer Schüssel mit frischen Kirschtomaten, einer Handvoll Rucola und gerösteten Pinienkernen.

2 PORTIONEN

Für die Bowl:

200 g Drillinge

1 EL Olivenöl

2 Handvoll Rucola

30 g Pinienkerne

150 g Kirschtomaten

Salz

2 Pr. Just Spices Roter Pesto Mix

Für das Dressing:

1 EL Balsamicoessig, dunkel

2 EL Olivenöl

Salz

2 Pr. Just Spices Roter Pesto Mix

Den Backofen auf 210 °C (Umluft) vorheizen.

Für die Bowl die Kartoffeln waschen und halbieren. In eine Schüssel geben und mit dem Olivenöl, 1 Prise Salz und dem Roten Pesto Mix vermengen. Die Kartoffeln auf ein mit Backpapier ausgelegtes Backblech geben und für 25 Minuten backen.

In der Zwischenzeit den Rucola waschen und trocken schleudern.

Die Pinienkerne in einer beschichteten Pfanne ohne Fett bei mittlerer Hitze goldgelb anrösten. Dabei gelegentlich umrühren, damit die Kerne nicht verbrennen. Anschließend herausnehmen und beiseitestellen.

Die Tomaten waschen und halbieren.

Für das Dressing den Balsamicoessig mit dem Olivenöl in eine Schüssel geben, mit 1 Prise Salz und dem Roten Pesto Mix abschmecken und gründlich verrühren.

Die Kartoffeln auf 2 Schüsseln verteilen, die restlichen Zutaten hinzufügen und mit dem Dressing beträufeln.

NÄHR-WERTE	KALORIEN	KH	DAVON ZUCKER	PROTEINE	FETT	DAVON GF	SALZ
pro Port.	379 kcal	22 g	5,4 g	7,3 g	29 g	4,0 g	0,83 g

ROTER
PESTO
MIX

CURRY
HÄHNCHEN
GEWÜRZ

Reis-Bowl

mit Hähnchen

Mit einer ordentlichen Portion Langkornreis, knusprig gebratenem Hähnchen und einer Handvoll knackigem Gemüse ist dieses Gericht ein echter Sattmacher. Mach Dich bereit, denn hier wartet eine bunte Auswahl an frischen Aromen auf Dich, die jetzt nur noch eine große Schale suchen, in der sie sich entfalten können.

2 PORTIONEN

Für die Reis-Bowl:

100 g Langkornreis
2 Hähnchenbrustfilets, à 200 g
1 Brokkoli
2 EL Olivenöl
150 g Kirschtomaten
2 Handvoll Salat, nach Wahl
½ Gurke
Salz
2 Pr. Just Spices Curry Hähnchen Gewürz

Für das Dressing:

4 EL Olivenöl
2 EL Balsamicoessig, hell
4 Pr. Just Spices Curry Hähnchen Gewürz

Den Reis in ein Sieb geben und unter fließendem Wasser gründlich abspülen. In einem Topf den Reis nach Packungsanleitung garen und beiseitestellen.

In der Zwischenzeit die Hähnchenbrust von Haut und Sehnen befreien und in ca. 1 cm dicke Streifen schneiden. Den Brokkoli waschen und in kleine Röschen schneiden.

In einer Pfanne das Olivenöl erhitzen und die Hähnchenbrust bei starker Hitze ca. 1 Minute anbraten, herausnehmen und beiseitestellen. Den Brokkoli in die Pfanne geben und bei mittlerer Hitze ca. 6 Minuten braten. Anschließend das Hähnchen wieder hinzugeben, mit 2 Prisen Curry Hähnchen Gewürz und 2 Prisen Salz würzen und ca. 4 Minuten weiterbraten.

Die Tomaten waschen und vierteln. Den Salat waschen und trocken schleudern. Die Gurke waschen, längs vierteln und in Spalten schneiden.

Für das Dressing das Olivenöl mit dem Balsamicoessig und dem Curry Hähnchen Gewürz in einer kleinen Schüssel verrühren.

Alle Zutaten in 2 Schüsseln geben und mit dem Dressing garnieren.

NÄHR-WERTE	KALORIEN	KH	DAVON ZUCKER	PROTEINE	FETT	DAVON GF	SALZ
pro Port.	867 kcal	53 g	14 g	60 g	46 g	6,9 g	2,0 g

Süßkartoffel-Bowl

mit Kichererbsen und Spinat

Geröstete Süßkartoffeln über knackige Kichererbsen, frisches Grün und cremige Avocado – in dieser Bowl landen bunte Leckereien, die Du direkt aus der Schüssel genießen kannst. Praktisch in einer Box verpackt, ist sie auch ideal für schnelle Mittagspausen. Meal Prep sei Dank!

2 PORTIONEN

1 Süßkartoffel, groß
1 Dose Kichererbsen, à 400 g
2 EL Olivenöl
½ Gurke
2 Handvoll junger Blattspinat
1 Avocado
3 Pr. Just Spices Süßkartoffel Gewürz
2 Pr. Just Spices Avocado Topping

Den Backofen auf 190 °C (Umluft) vorheizen.

Die Süßkartoffel waschen und in ca. 1 cm dicke Scheiben schneiden. Die Kichererbsen durch ein Sieb abgießen, abbrausen und abtropfen lassen.

Die Süßkartoffeln in eine Schüssel geben und mit 1 EL Olivenöl und 2 Prisen Süßkartoffel Gewürz vermengen. Auf ein mit Backpapier ausgelegtes Backblech geben.

Die Kichererbsen in die Schüssel geben und mit dem restlichen Olivenöl und 1 Prise Süßkartoffel Gewürz vermengen. Zu den Süßkartoffeln auf das Blech geben und ca. 25 Minuten in den Ofen geben.

Die Gurke waschen, beide Enden abschneiden, der Länge nach vierteln und in mundgerechte Würfel schneiden. Den Spinat waschen und trocken schleudern. Die Avocado mit einem Messer der Länge nach halbieren, aufdrehen, den Kern entfernen und mit einem Esslöffel das Fruchtfleisch aus der Schale lösen.
Mit dem Avocado Topping würzen.

Alle Zutaten auf 2 Schüsseln verteilen und servieren.

NÄHR-WERTE	KALORIEN	KH	DAVON ZUCKER	PROTEINE	FETT	DAVON GF	SALZ
pro Port.	604 kcal	64 g	15 g	15 g	31 g	5,9 g	2,2 g

SÜß KARTOFFEL GEWÜRZ
AVOCADO TOPPING

GEMÜSE
LLROUNDER
GEMÜSEBRÜHE
OHNE
ZUCKERZUSATZ

Berglinsenpfanne

mit Feta

Das Besondere an der Berglinse ist ihr würziger und nussiger Geschmack sowie die Bissfestigkeit, die trotz längeren Kochens nicht verloren geht. In diesem Rezept teilen sich die Linsen den Platz in der Pfanne mit knackigem Gemüse und cremigem Feta. Abgeschmeckt mit einem süß-säuerlichen Dressing schmeckt das Ganze frisch gekocht genauso gut wie am nächsten Tag aus dem Kühlschrank.

4 PORTIONEN

Für die Gemüsebrühe:

750 ml Wasser, heiß

4 Pr. Just Spices Gemüsebrühe ohne Zuckerzusatz*

Für die Berglinsenpfanne:

2 Knoblauchzehen

1 Paprika, rot

50 g Oliven, schwarz

150 g junger Blattspinat

1 EL Olivenöl

150 g Berglinsen

3 EL Balsamicoessig, dunkel

150 g Feta

1 EL Honig

Salz

3 Pr. Just Spices Gemüse Allrounder

*enthält von Natur aus Zucker

Für die Gemüsebrühe das Wasser mit der Gemüsebrühe ohne Zuckerzusatz in einer Schüssel verrühren und beiseitestellen.

Den Knoblauch schälen und fein hacken. Die Paprika waschen, halbieren, entkernen und mit einem Messer die weißen Fasern entfernen. Anschließend in ca. 1 × 1 cm große Würfel schneiden. Die Oliven fein hacken. Den Spinat waschen und trocken schleudern.

Das Olivenöl in einer Pfanne erhitzen und den Knoblauch, die Oliven und die Paprika 3 Minuten bei mittlerer Hitze braten. Die Berglinsen hinzugeben und mit dem Balsamicoessig ablöschen.

Mit der Gemüsebrühe auffüllen, mit dem Gemüse Allrounder und 2 Prisen Salz würzen und 20 Minuten bei mittlerer Hitze köcheln lassen. 3 Minuten vor Ende der Garzeit den Spinat hinzugeben und gründlich vermengen.

Zum Schluss den Feta hineinbröseln und ebenfalls untermengen.

Mit dem Honig abschmecken und servieren.

NÄHR-WERTE	KALORIEN	KH	DAVON ZUCKER	PROTEINE	FETT	DAVON GF	SALZ
pro Port.	345 kcal	31 g	11 g	17 g	15 g	6,9 g	2,6 g

Gemüsecurry

mit Blumenkohl

Dieses cremige Curry spiegelt nicht nur die bunten Farben, sondern auch die unverwechselbaren Aromen der Küche Südostasiens wider: Mit einer ordentlichen Portion Gemüse, geschmort in einer würzigen Curry-Kokossoße, abgerundet durch die säuerliche Note von Limette, holst Du Dir die indische Küche direkt nach Hause.

4 PORTIONEN

1 Blumenkohl
150 g Bohnen, grün
1 Zwiebel
350 g Champignons
2 EL Sonnenblumenöl
1 EL Tomatenmark
½ EL Currypaste
200 ml Wasser, heiß
1 Dose Kokosmilch, à 400 ml
200 g Basmatireis
1 Limette, Saft
Salz
4 Pr. Just Spices Curry
1 TL Just Spices Gemüsebrühe ohne Zuckerzusatz*

*enthält von Natur aus Zucker

Den Blumenkohl waschen und in kleine Röschen schneiden. Die Bohnen waschen, die Enden abschneiden und halbieren. Die Zwiebel schälen, halbieren und fein würfeln. Die Champignons putzen und vierteln.

In einem breiten Topf das Sonnenblumenöl erhitzen und den Blumenkohl und die Champignons bei mittlerer Hitze ca. 5 Minuten anbraten. Die Zwiebelwürfel und Bohnen hinzugeben und kurz durchschwenken.

Das Tomatenmark, die Currypaste und das Curry mit in den Topf geben und ca. 30 Sekunden mitbraten. Das Wasser mit der Gemüsebrühe ohne Zuckerzusatz vermengen. Das Curry mit der Kokosmilch und der Gemüsebrühe auffüllen und bei mittlerer Hitze ca. 20 Minuten köcheln lassen.

In der Zwischenzeit den Reis in ein Sieb geben und unter fließendem Wasser gründlich abspülen. In einem Topf den Reis nach Packungsanleitung garen und beiseitestellen.

Die Limette halbieren und auspressen. Das Curry mit dem Limettensaft und 2 Prisen Salz abschmecken. Zusammen mit dem Basmatireis servieren.

NÄHR-WERTE	KALORIEN	KH	DAVON ZUCKER	PROTEINE	FETT	DAVON GF	SALZ
pro Port.	526 kcal	53 g	10 g	14 g	28 g	20 g	0,68 g

CURRY

PASTA, GNOCCHI, REIS & CO.

Probiere diese kunterbunte Reispfanne –
nicht nur fürs Auge ein Genuss.

Gnocchi-Bolognese-Auflauf

mit Tomaten und Mozzarella

Gnocchi und Bolognese – ist diese Kombination etwa noch zu toppen? Mit einer ordentlichen Portion Käse on top machst Du daraus im Handumdrehen ein cremiges wie würziges Ofengericht, von dem Du garantiert nie genug kriegst!

4 PORTIONEN

- 2 Zwiebeln, rot
- 2 Knoblauchzehen
- 2 EL Olivenöl
- 500 g Gnocchi, Kühlregal
- 350 g Rinderhackfleisch
- 1 EL Tomatenmark
- 1 Dose stückige Tomaten, à 400 g
- 200 ml Wasser
- 100 g Mozzarella, gerieben
- **3 Pr. Just Spices Bolognese Gewürz**

Den Backofen auf 180 °C (Umluft) vorheizen.

Die Zwiebeln schälen, halbieren und fein würfeln. Den Knoblauch schälen und fein hacken.

In einer ofenfesten Pfanne 1 EL Olivenöl erhitzen und die Gnocchi bei mittlerer Hitze 4 Minuten braten, herausnehmen und beiseitestellen.

In der gleichen Pfanne 1 EL Olivenöl erhitzen und das Hackfleisch bei starker Hitze 3 Minuten krümelig anbraten. Die Zwiebel- und Knoblauchwürfel hinzugeben und weitere 2 Minuten braten. Das Tomatenmark hinzugeben und 1 Minute mitbraten.

Die stückigen Tomaten und das Wasser mit in die Pfanne geben und aufkochen lassen. Das Bolognese Gewürz und die Gnocchi hinzugeben und verrühren. Mit dem Mozzarella belegen und die Pfanne 20 Minuten in den Ofen geben.

Tipp: Garniere die fertigen Gnocchi nach Belieben noch mit etwas frischem Basilikum.

NÄHR-WERTE	KALORIEN	KH	DAVON ZUCKER	PROTEINE	FETT	DAVON GF	SALZ
pro Port.	555 kcal	52 g	8,2 g	25 g	27 g	11 g	3,4 g

BOLOGNESE GEWÜRZ

GRUNER
PESTO
MIX

Cremige Linguine

mit Lachs

Frisch vom Meer auf Deinen Teller: Die Linguine krönt ein in der Pfanne geschwenktes, saftiges Lachsfilet mit cremiger Sahnesoße. Ein Spritzer Zitrone sowie eine Handvoll frischer Basilikumblätter on top, ein Glas Weißwein in die Hand und schon ist die Urlaubsatmosphäre geschaffen.

4 PORTIONEN

250 g Linguine
30 g Pinienkerne
400 g Lachsfilet
2 EL Olivenöl
1 Knoblauchzehe
60 ml Weißwein
170 g Sahne
1 Bund Basilikum
1 Bio-Zitrone, Saft und Abrieb
Salz, Pfeffer
4 Pr. Just Spices Grüner Pesto Mix

In einem Topf reichlich Salzwasser zum Kochen bringen, die Linguine nach Packungsanleitung al dente kochen und abgießen. Dabei 100 ml Kochwasser auffangen.

Die Pinienkerne in einer beschichteten Pfanne ohne Fett bei mittlerer Hitze goldgelb anrösten. Dabei gelegentlich umrühren, damit die Kerne nicht verbrennen. Anschließend herausnehmen und beiseitestellen.

Das Lachsfilet waschen, trocken tupfen, bei Bedarf entgräten und in ca. 3 × 3 cm große Würfel schneiden. 1 EL Olivenöl in einer Pfanne erhitzen und die Lachsfiletwürfel bei mittlerer Hitze ca. 2 Minuten rundherum anbraten. Aus der Pfanne nehmen und beiseitestellen.

Den Knoblauch schälen und fein hacken. 1 EL Olivenöl in der gleichen Pfanne erhitzen und den Knoblauch bei mittlerer Hitze ca. 3 Minuten anbraten. Mit dem Weißwein ablöschen und ca. 1 Minuten köcheln lassen. Die Sahne und das Nudelwasser hinzufügen und ca. 3 Minuten kochen lassen. Das Basilikum waschen, trocken tupfen, in feine Streifen schneiden und mit in die Pfanne geben.

Die Zitrone waschen, trocknen und die Schale abreiben. Die Zitrone halbieren und den Saft auspressen. Beides mit in die Pfanne geben und mit 1 Prise Salz und Pfeffer sowie dem Grünen Pesto Mix abschmecken. Den Lachs und die Linguine zur Soße geben, vermengen und mit den Pinienkernen garnieren.

NÄHR-WERTE	KALORIEN	KH	DAVON ZUCKER	PROTEINE	FETT	DAVON GF	SALZ
pro Port.	563 kcal	49 g	3,0 g	29 g	27 g	10 g	0,72 g

One-Pot-Spaghetti

mit Hackbällchen

Du bist auch der Meinung, dass ein Tag ohne Pasta ein verlorener Tag ist? Molto bene! Dann solltest Du unbedingt dieses Gericht ausprobieren, in dem Deine heißgeliebten Spaghetti zusammen mit deftigen Hackbällchen und einer würzigen Tomatensoße zum Kochen kommen. Ein Rezept, das selbst die beste Spaghetti Bolognese in den Schatten stellt!

2 PORTIONEN

Für die Hackbällchen:

1 Zwiebel, klein, rot

250 g Rinderhackfleisch

2 Scheiben Toastbrot

1 Ei

2 EL Vollmilch

schwarzer Pfeffer

2 Pr. Just Spices Italian Stullen Spice

Für die Pasta:

2 EL Olivenöl

1 Dose stückige Tomaten, à 400 g

500 ml Wasser

200 g Spaghetti

Salz

2 Pr. Just Spices Italian Stullen Spice

Die Zwiebel schälen, halbieren und fein würfeln. Zusammen mit dem Hackfleisch in eine Schüssel geben. Das Toastbrot entrinden und ganz fein hacken. Das Toastbrot mit dem Ei und der Milch zum Hackfleisch geben und gründlich vermengen. Mit 1 Prise Pfeffer und dem Italian Stullen Spice würzen. Anschließend aus der Masse mit leicht befeuchteten Händen kleine Hackbällchen formen.

In einer breiten Pfanne das Olivenöl erhitzen und die Hackbällchen ca. 4 Minuten bei starker Hitze von allen Seiten anbraten. Mit den stückigen Tomaten und dem Wasser auffüllen und zum Kochen bringen.

Die Spaghetti hinzufügen, mit 2 Prisen Salz und dem Italian Stullen Spice würzen und das Ganze bei mittlerer Hitze ca. 10 Minuten köcheln lassen, bis die Nudeln al dente sind.

Tipp: Wenn Du magst, streue noch etwas Parmesan und frisches Basilikum über die Pasta!

NÄHR-WERTE	KALORIEN	KH	DAVON ZUCKER	PROTEINE	FETT	DAVON GF	SALZ
pro Port.	916 kcal	99 g	13 g	41 g	39 g	12 g	3,6 g

ITALIAN
STULLEN
SPICE

CURRY
MADRAS

One-Pot-Curry-Pasta

mit Kokosmilch

Du liebst Pasta über alles, hast jedoch genug von schlichten Nudelgerichten? Bei dieser One-Pot-Pasta sorgen knackiges Gemüse und eine exotische Kokossoße für Abwechslung. Hier verschmelzen alle Zutaten zu einem unwiderstehlich leckeren Wohlfühlgericht!

4 PORTIONEN

1 Paprika, rot

1 Karotte

2 EL Sonnenblumenöl

1 Dose stückige Tomaten, à 400 g

200 ml Wasser

1 Dose Kokosmilch, à 400 ml

400 g Fusilli

2 Stangen Frühlingslauch

100 g Erbsen, tiefgekühlt

Salz

5 Pr. Just Spices Curry Madras

Die Paprika waschen, halbieren, entkernen und mit einem Messer die weißen Fasern entfernen. Anschließend in ca. 1 × 1 cm große Würfel schneiden. Die Karotte schälen, halbieren und in dünne Scheiben schneiden.

Das Sonnenblumenöl in einem Topf erhitzen und die geschnittene Paprika und Karotte 3 Minuten bei mittlerer Hitze braten. Das Curry Madras und 2 Prisen Salz hinzufügen und 1 Minute mitbraten.

Mit den stückigen Tomaten, dem Wasser und der Kokosmilch auffüllen, zum Kochen bringen und die Fusilli hinzugeben. Das Ganze 8 Minuten bei mittlerer Hitze köcheln lassen.

In der Zwischenzeit den Frühlingslauch waschen, putzen und in feine Ringe schneiden. Die Erbsen und den Frühlingslauch mit in den Topf geben und 1 Minute köcheln lassen.

Tipp: Geröstete Cashewkerne als Topping schmecken super!

NÄHR-WERTE	KALORIEN	KH	DAVON ZUCKER	PROTEINE	FETT	DAVON GF	SALZ
pro Port.	682 kcal	86 g	12 g	17 g	29 g	20 g	0,41 g

Gebratener Reis

mit Gemüse

Wenn gebratener Reis auf eine ordentliche Portion frisches, knackiges Gemüse trifft, dann entsteht im Handumdrehen ein einfaches und schnell zubereitetes Gericht, das ganz hervorragend ohne Fleisch auskommt. Du hast noch weitere Gemüsereste in petto? Umso besser, denn dieses Reisgericht freut sich über jede weitere bunte Komponente und hilft Dir zugleich dabei, den Kühlschrank zu leeren.

2 PORTIONEN

75 g Langkornreis
125 g Zuckerschoten
2 Karotten, klein
2 Stangen Frühlingslauch
1 Paprika, klein, rot
1 Zwiebel, klein
1 EL Sonnenblumenöl
Salz
4 Pr. Just Spices Reis Allrounder

Den Reis in ein Sieb geben und unter fließendem Wasser gründlich abspülen. Den Reis in einem Topf nach Packungsanleitung garen. Anschließend kalt abspülen und beiseitestellen.

Die Zuckerschoten waschen und der Länge nach halbieren. Die Karotten schälen und fein raspeln. Den Frühlingslauch waschen, putzen und in ca. 1 cm breite Ringe schneiden.

Die Paprika waschen, halbieren, entkernen, mit einem Messer die weißen Fasern entfernen und in ca. 0,5 cm dicke Streifen schneiden. Die Zwiebel schälen, halbieren und fein würfeln.

Das Sonnenblumenöl in einer Pfanne erhitzen und die Paprika 3 Minuten bei mittlerer Hitze anbraten. Die Zwiebel und Karotten hinzugeben und weitere 2 Minuten braten.

Den Reis dazugeben und 3 Minuten bei starker Hitze mitbraten. Die restlichen Zutaten hinzugeben, mit dem Reis Allrounder und 2 Prisen Salz würzen und nochmals 3 Minuten braten.

Tipp: Wenn Du magst, dann rühre einfach noch 2 verquirlte Eier zum Schluss unter.

NÄHR-WERTE	KALORIEN	KH	DAVON ZUCKER	PROTEINE	FETT	DAVON GF	SALZ
pro Port.	296 kcal	46 g	13 g	7,3 g	8,6 g	1,0 g	1,4 g

REIS ALLROUNDER

MEAT
ALLROUNDER

Schupfnudelpfanne

mit Hähnchen und Champignons

Manchmal muss es einfach deftige Hausmannskost sein. Mit diesem Rezept triffst Du garantiert die richtige Wahl: Hier wälzen sich knusprig gebratene Schupfnudeln und feines Hähnchengeschnetzeltes in einer cremigen Champignon-Rahmsoße. Eine Handvoll frischer Petersilie on top und heiß genießen.

2 PORTIONEN

200 g Hähnchenbrustfilet
1 Zwiebel, klein
250 g Champignons
2 EL Sonnenblumenöl
250 g Schupfnudeln, Kühlregal
250 g Kochsahne
350 ml Wasser
½ Bund Petersilie, glatt
Salz
2 Pr. Just Spices Meat Allrounder

Die Hähnchenbrust von Haut und Sehnen befreien und in feine Streifen schneiden. Die Zwiebel schälen, halbieren und fein würfeln. Die Champignons putzen und in Scheiben schneiden.

In einer Pfanne 1 EL Sonnenblumenöl erhitzen und die Hähnchenbruststreifen 3 Minuten bei starker Hitze anbraten, aus der Pfanne nehmen und beiseitestellen.

In der gleichen Pfanne 1 EL Sonnenblumenöl erhitzen und die Schupfnudeln 4 Minuten bei starker Hitze unter Rühren anbraten. Die Champignons und Zwiebeln hinzugeben und weitere 4 Minuten braten.

Mit der Sahne und dem Wasser ablöschen, aufkochen lassen und mit dem Meat Allrounder würzen. Bei leichter Hitze ca. 10 Minuten köcheln lassen.

Die Petersilie waschen, trocken tupfen und in feine Streifen schneiden. Das Hähnchen wieder mit in die Pfanne geben, 5 Minuten mitköcheln lassen, die Petersilie unterheben und mit 1 Prise Salz abschmecken.

NÄHR-WERTE	KALORIEN	KH	DAVON ZUCKER	PROTEINE	FETT	DAVON GF	SALZ
pro Port.	810 kcal	35 g	7,2 g	38 g	58 g	25 g	1,2 g

Bratkartoffelpfanne

mit Gemüse und Dip

Du fragst Dich, wie die Klassiker aus der deutschen Küche zum echten Gourmet-Gericht werden? Ob als Hauptspeise oder als knusprige Beilage zu Fisch, Fleisch & Co. – hier ist das Rezept für die perfekten Bratkartoffeln.

2 PORTIONEN

Für die Bratkartoffelpfanne:

300 g Drillinge
3 EL Sonnenblumenöl
1 Paprika, rot
1 Karotte
1 Zwiebel, rot
1 Bund Schnittlauch
Salz
2 Pr. Just Spices Bratkartoffel Gewürz

Für den Dip:

150 g griechischer Joghurt
3 Pr. Just Spices Hot Garlic & Onion Dip

Die Drillinge waschen und in dünne Scheiben schneiden. 2 EL Sonnenblumenöl in einer großen Pfanne erhitzen, die Kartoffeln mit 2 Prisen Salz würzen und bei mittlerer Hitze 10 Minuten braten.

In der Zwischenzeit die Paprika waschen, halbieren, entkernen und mit einem Messer die weißen Fasern entfernen. Anschließend in mundgerechte Stücke schneiden. Die Karotte schälen, der Länge nach halbieren und in ca. 0,5 cm dicke Streifen schneiden. Die Zwiebel schälen, halbieren und in dünne Streifen schneiden. Den Schnittlauch waschen, trocken tupfen und in feine Ringe schneiden.

Die Kartoffeln aus der Pfanne nehmen und beiseitestellen. 1 EL Sonnenblumenöl in die gleiche Pfanne geben und die geschnittene Paprika, Karotte und Zwiebel 5 Minuten braten. Die Kartoffeln wieder hinzufügen, mit dem Bratkartoffel Gewürz würzen und 5 Minuten braten.

Währenddessen den griechischen Joghurt in eine Schüssel geben und mit dem Hot Garlic & Onion Dip vermengen. Die Bratkartoffelpfanne mit dem Schnittlauch garnieren und zusammen mit dem Dip servieren.

NÄHR-WERTE	KALORIEN	KH	DAVON ZUCKER	PROTEINE	FETT	DAVON GF	SALZ
pro Port.	471 kcal	40 g	17 g	8,7 g	31 g	7,5 g	1,3 g

BRAT KARTOFFEL GEWÜRZ
HOT GARLIC & ONION DIP

FLEISCH & BRATEN GEWÜRZ
JUST SPICES

Kartoffel-Steak-Pfanne

mit Dip

Manchmal muss es einfach ein Steak sein! Am liebsten servieren wir dazu knusprig gebratene Kartoffeln. Verfeinert mit fruchtigen Kirschtomaten und einem erfrischenden Joghurt-Zitronen-Dip zauberst Du in nur 30 Minuten eine saftige und leckere Mahlzeit, die Deinen Steakhunger garantiert stillt.

2 PORTIONEN

Für die Kartoffel-Steak-Pfanne:

400 g Drillinge

400 g Rinderhüftsteak

150 g Kirschtomaten

1 EL Sonnenblumenöl

Salz

2 Pr. Just Spices Fleisch & Braten Gewürz

Für den Dip:

125 g griechischer Joghurt

½ Zitrone, Saft

Salz

Die Drillinge waschen, halbieren und in einem Topf knapp mit Salzwasser bedecken, zum Kochen bringen und bissfest garen. Die Drillinge abschütten und kurz mit kaltem Wasser abschrecken.

Währenddessen die Rinderhüftsteaks in ca. 1 cm breite Streifen schneiden. Die Tomaten waschen und halbieren.

In einer großen Pfanne 1 EL Sonnenblumenöl erhitzen und die Steakstreifen bei starker Hitze ca. 30 Sekunden anbraten. Mit 1 Prise Salz würzen, herausnehmen und beiseitestellen.

In der gleichen Pfanne wieder 1 EL Sonnenblumenöl erhitzen und die Drillinge bei mittlerer Hitze ca. 5 Minuten goldbraun braten.

In der Zwischenzeit für den Dip den griechischen Joghurt in eine Schüssel geben. Die Zitrone halbieren, auspressen und den Saft zum Joghurt geben. Mit 1 Prise Salz abschmecken.

Die Tomaten zu den Drillingen in die Pfanne geben und ca. 2 Minuten mitbraten. Die Steakstreifen hinzufügen, mit 1 Prise Salz und dem Fleisch & Braten Gewürz würzen und nochmals ca. 30 Sekunden braten. Mit dem Dip servieren.

NÄHR-WERTE	KALORIEN	KH	DAVON ZUCKER	PROTEINE	FETT	DAVON GF	SALZ
pro Port.	603 kcal	38 g	7,4 g	52 g	27 g	11 g	1,4 g

FLEISCH, FISCH & EI

Dieses cremige Ofenhähnchen ist einfach unwiderstehlich lecker.

Köttbullar

in cremiger Soße

Wer kennt und liebt sie nicht, die leckeren schwedischen Fleischbällchen? Traditionell kombiniert mit einer cremigen Sahnesoße, serviert zu luftigem Kartoffelbrei und fruchtigen Preiselbeeren, haben die kleinen Lieblinge großes Potenzial, Dich satt und glücklich zu machen!

4 PORTIONEN

Für die Köttbullar:

1 Zwiebel
2 EL Olivenöl
500 g Hackfleisch, gemischt
5 EL Semmelbrösel
1 Ei
50 g Kochsahne
1 TL Senf
3 Pr. Just Spices Hackfleisch Gewürz

Für die Soße:

40 g Butter
50 g Mehl
200 g Kochsahne
400 ml Rinderbrühe
2 EL Sojasoße
Salz, Pfeffer
1 Pr. Just Spices Hackfleisch Gewürz

Die Zwiebel schälen, halbieren und fein würfeln. 1 EL Olivenöl in einer breiten Pfanne erhitzen, die Zwiebelwürfel bei kleiner Hitze 2 Minuten glasig braten, herausnehmen und beiseitestellen.

Das Hackfleisch in einer Schüssel mit den Semmelbröseln, dem Ei, der Sahne und dem Senf gründlich verkneten. Die Zwiebelwürfel hinzugeben, mit dem Hackfleisch Gewürz würzen und noch einmal gründlich durchkneten. Das Hackfleisch mit befeuchteten Händen zu kleinen Bällchen formen.

In einer Pfanne 1 EL Olivenöl erhitzen und die Hackbällchen bei starker Hitze 5 Minuten rundherum braten, bis sie gebräunt sind. Anschließend herausnehmen und beiseitestellen.

Für die Soße die Butter in der gleichen Pfanne schmelzen lassen, das Mehl einrühren und weiterbraten lassen, bis die Mehlschwitze braun wird.

Mit der Sahne und der Rinderbrühe auffüllen, aufkochen lassen und bei kleiner Hitze 5 Minuten köcheln lassen. Dabei gelegentlich umrühren.

Die Soße mit der Sojasoße, 1 Prise Salz und 1 Prise Pfeffer würzen. Die Hackbällchen in die Soße legen und bei mittlerer Hitze 5 Minuten köcheln lassen.

Tipp: Die Köttbullar mit Kartoffelpüree und Preiselbeeren servieren.

NÄHR-WERTE	KALORIEN	KH	DAVON ZUCKER	PROTEINE	FETT	DAVON GF	SALZ
pro Port.	634 kcal	24 g	7,2 g	27 g	48 g	22 g	3,9 g

HACKFLEISCH GEWÜRZ
JUST SPICES

KRAUTER
STULLEN
SPICE

30 MINUTEN

Schlemmerfilet

mit Kräuterkruste

Willkommen im Schlemmerparadies! Wer das berühmte Fischfilet in knusprigem Gewand aus der Tiefkühltruhe kennt und liebt, den wird dieses Rezept garantiert überzeugen. Ob auf einem feinen Gemüsebett serviert, neben leckeren Röstkartoffeln, mit einem frischen Beilagensalat oder einfach pur – dieser Kabeljau mit Knusperkruste verspricht große Genussmomente.

2 PORTIONEN

3 Scheiben Toastbrot

100 g Butter, weich

1 EL Senf

1 Bio-Zitrone, Abrieb

400 g Kabeljau, Mittelstück

Salz

4 Pr. Just Spices Kräuter Stullen Spice

Den Backofen auf 200 °C (Umluft) vorheizen.

Das Toastbrot entrinden und 2 Scheiben in einer Küchenmaschine fein mixen. Die übrig gebliebene Scheibe in feine Würfel schneiden.

Die Butter mit dem Senf und dem Kräuter Stullen Spice in eine Schüssel geben und mit einem Schneebesen gründlich vermischen. Die Zitrone waschen, trocknen, die Schale abreiben und das gemixte und gewürfelte Toastbrot untermengen.

Den Kabeljau auf ein mit Backpapier ausgelegtes Backblech geben und rundherum mit 3 Prisen Salz würzen. Die Masse auf dem Kabeljau verteilen und den Fisch 20 Minuten in den Backofen geben, bis die Kruste goldbraun ist.

Aus dem Ofen nehmen und 1 Minute abkühlen lassen.

NÄHR-WERTE	KALORIEN	KH	DAVON ZUCKER	PROTEINE	FETT	DAVON GF	SALZ
pro Port.	673 kcal	26 g	3,5 g	41 g	45 g	28 g	2,5 g

30 MINUTEN

Hackfleisch Stroganoff

mit Kartoffeln und Champignons

Bœuf Stroganoff ist ein klassisches Gericht aus der russischen Küche, das traditionell aus in Streifen geschnittenen, sautierten Rinderfiletspitzen, Champignons und einer säuerlichen Rahmsoße besteht. Für unsere etwas abgewandelte Variation des Klassikers verwendest Du jedoch würziges Hackfleisch statt Filetspitzen. So zauberst Du im Handumdrehen ein Festmahl.

4 PORTIONEN

250 g Champignons

300 g Kartoffeln, festkochend

1 Zwiebel, rot

3 EL Sonnenblumenöl

350 g Hackfleisch

2 Gewürzgurken

(+ 3 EL Gewürzgurkensud)

500 ml Wasser

150 g Schmand

2 EL Senf

Salz

4 Pr. Just Spices Hackfleisch Gewürz

Die Champignons putzen und halbieren. Die Kartoffeln schälen und in mundgerechte Würfel schneiden. Die Zwiebel schälen, halbieren und fein würfeln.

2 EL Sonnenblumenöl in einer Pfanne erhitzen und die Champignons und Kartoffeln 3 Minuten bei hoher Hitze braten, herausnehmen und beiseitestellen.
1 EL Sonnenblumenöl in der gleichen Pfanne erhitzen und das Hackfleisch bei hoher Hitze 3 Minuten krümelig braten. Die Hälfte der Zwiebeln hinzufügen und 2 Minuten mitbraten. Mit dem Hackfleisch Gewürz und 2 Prisen Salz würzen.

Mit dem Gewürzgurkensud ablöschen. Die Champignons, Kartoffeln und das Wasser hinzufügen und ca. 10 Minuten bei mittlerer Hitze köcheln lassen.

In der Zwischenzeit die Gewürzgurken fein würfeln und mit den restlichen Zwiebeln vermengen.

Den Schmand mit dem Senf in die Pfanne geben, vermengen und mit dem Gurken-Zwiebel-Gemisch garniert servieren.

NÄHR-WERTE	KALORIEN	KH	DAVON ZUCKER	PROTEINE	FETT	DAVON GF	SALZ
pro Port.	475 kcal	17 g	4,9 g	20 g	37 g	14 g	3,1 g

HACKFLEISCH GEWÜRZ

Cremiges Ofenhähnchen

mit Spinat

In diesem Rezept köcheln feine, zarte Hähnchenbrustfilets zusammen mit aromatischen getrockneten Tomaten und frischem Spinat in einer würzigen Sahnesoße. Ein herrlich cremiger Genuss wartet hier darauf, von Dir aus dem Ofen geholt und verspeist zu werden.

2 PORTIONEN

250 g getrocknete Tomaten, in Öl
200 g Spinat
2 Knoblauchzehen
2 Hähnchenbrustfilets, à 200 g
2 EL Tomatenmark
250 g Kochsahne
150 ml Wasser
Salz
4 Pr. Just Spices Italienisches Hähnchen Gewürz

Den Backofen auf 160 °C (Umluft) vorheizen.

Die Tomaten durch ein Sieb abgießen und dabei 2 EL Öl auffangen. Die Tomaten in dünne Streifen schneiden. Den Spinat waschen, trocken schleudern und ebenfalls in dünne Streifen schneiden. Den Knoblauch schälen und fein hacken.

Die Hähnchenbrust von Haut und Sehnen befreien und von beiden Seiten mit dem Italienischen Hähnchen Gewürz würzen. Das Tomatenöl in einer ofenfesten Pfanne erhitzen, das Hähnchen in die Pfanne geben und bei mittlerer Hitze von beiden Seiten 1 Minute anbraten.

Den Knoblauch, das Tomatenmark und die getrockneten Tomaten hinzugeben und 30 Sekunden braten. Mit der Kochsahne und dem Wasser auffüllen und zum Kochen bringen.

Mit 3 Prisen Salz würzen, den Spinat hinzufügen und untermischen.

Die Pfanne 15 Minuten in den Backofen geben.

NÄHR-WERTE	KALORIEN	KH	DAVON ZUCKER	PROTEINE	FETT	DAVON GF	SALZ
pro Port.	658 kcal	13 g	11 g	56 g	42 g	16 g	3,5 g

SÜSSES
& SNACKS

Süßer Flammkuchen? Bringt jede Naschkatze zum Schnurren.

Granola

auf Vorrat

Granola – das knusprige Topping auf Oatmeal, Frühstücks- oder Smoothie-Bowls, Waffeln oder als Snack für zwischendurch. Die verführerische Mischung aus Haferflocken und Nüssen, verfeinert mit der Süße von mildem Agavendicksaft verspricht ein einzigartiges Cruncherlebnis.

15 PORTIONEN

300 g Haferflocken, zart
100 g Mandelstifte
100 g Haselnüsse, gehobelt
50 g Kürbiskerne
2 EL Sonnenblumenöl
4 EL Agavendicksaft
Salz
5 Pr. Just Spices Bananenbrot Gewürz

Den Backofen auf 160 °C (Umluft) vorheizen.

Alle Zutaten mit 1 Prise Salz und dem Bananenbrot Gewürz in eine Schüssel geben und gründlich miteinander vermengen.

Die Masse auf ein mit Backpapier ausgelegtes Backblech geben, gut verteilen und ca. 25 Minuten goldbraun backen. Dabei ca. alle 5 Minuten einmal umrühren.

Auf dem Backblech auskühlen lassen und anschließend luftdicht verpacken.

NÄHR-WERTE	KALORIEN	KH	DAVON ZUCKER	PROTEINE	FETT	DAVON GF	SALZ
pro Port.	206 kcal	16 g	3,6 g	6,7 g	13 g	1,5 g	0,04 g

KAKAO
KUSS
JUST SPICES

Süßer Flammkuchen

mit Erdbeeren

Naschkatzen aufgepasst! Die knusprige Spezialität aus dem Elsass schmeckt nicht nur nach traditioneller Art mit Zwiebeln und Speck, sondern begeistert auch mit dieser himmlisch-süßen Kombination aus Erdbeeren und Minze. Ein Genuss zu jeder Tages- und Nachtzeit!

2 PORTIONEN

1 Rolle Flammkuchenteig, Kühlregal
150 g Erdbeeren
125 g Frischkäse
2 EL Hafermilch
½ Bund Minze
1 Pr. Just Spices Kakaokuss

Den Backofen auf 250 °C (Ober-/Unterhitze) vorheizen.

Den Flammkuchenteig auf ein mit Backpapier ausgelegtes Backblech legen.

Die Erdbeeren waschen, putzen und in dünne Scheiben schneiden. Den Frischkäse in einer kleinen Schüssel mit der Hafermilch und dem Kakaokuss verrühren.

Den Flammkuchenteig mit der Frischkäse-Mischung bestreichen. Die Erdbeeren darauf verteilen und 10 Minuten in den Backofen geben.

Die Minze waschen, trocken tupfen und abzupfen.

Die Flammkuchen aus dem Ofen nehmen und nach Belieben mit den Minzblättern garnieren.

Tipp: Wenn gerade keine Erdbeersaison ist, kannst Du auch anderes Obst benutzen, z. B. Äpfel.

NÄHR-WERTE	KALORIEN	KH	DAVON ZUCKER	PROTEINE	FETT	DAVON GF	SALZ
pro Port.	590 kcal	69 g	11 g	18 g	25 g	13 g	3,2 g

Zweierlei Süßkartoffel-Toast

mit Avocado und Tomaten

Schon gewusst, dass die süßliche Knolle in Orange auch als Toastersatz verwendet werden kann? Unsere beiden Varianten mit Avocado sowie mit Frischkäse, Tomaten und einem Hauch von Basilikum versprechen ein ganz besonders aromatisches Erlebnis!

2 PORTIONEN

1 Süßkartoffel, groß
1 EL Olivenöl
150 g Kirschtomaten
1 Bund Basilikum
1 Avocado
150 g Frischkäse
Salz
2 Pr. Just Spices Tomatensalz
2 Pr. Just Spices Avocado Topping

Den Backofen auf 220 °C (Umluft) vorheizen.

Die Süßkartoffel in 4 gleich dicke Scheiben schneiden. Mit dem Olivenöl und 3 Prisen Salz marinieren, auf ein mit Backpapier ausgelegtes Backblech geben und 20 Minuten im Ofen backen.

In der Zwischenzeit die Tomaten waschen und vierteln. Das Basilikum waschen, trocken tupfen und in dünne Streifen schneiden. Die Avocado mit einem Messer der Länge nach halbieren, aufdrehen, den Kern entfernen und mit einem Esslöffel das Fruchtfleisch aus der Schale lösen. Die Avocado in dünne Scheiben schneiden.

Die Süßkartoffeln aus dem Ofen nehmen und kurz abkühlen lassen. Anschließend mit dem Frischkäse bestreichen. 2 Süßkartoffelscheiben mit den Tomaten und dem Basilikum belegen und mit dem Tomatensalz garnieren.

Die anderen 2 Scheiben mit der Avocado belegen und mit dem Avocado Topping garnieren.

NÄHR-WERTE	KALORIEN	KH	DAVON ZUCKER	PROTEINE	FETT	DAVON GF	SALZ
pro Port.	697 kcal	81 g	22 g	15 g	34 g	13 g	2,9 g

TOMATEN SALZ
AVOCADO TOPPING

Register

*enthält von Natur aus Zucker

I

K

M

O

BOLOGNESE
GEWÜRZ